陳布雷從政日記

（1944）

The Official Diaries of Chen Pu-lei, 1944

民國日記｜總序

呂芳上

民國歷史文化學社社長

人是歷史的主體，人性是歷史的內涵。「人事有代謝，往來成古今」（孟浩然），瞭解活生生的「人」，才較能掌握歷史的真相；愈是貼近「人性」的思考，才愈能體會歷史的本質。近代歷史的特色之一是資料閎富而駁雜，由當事人主導、製作而形成的資料，以自傳、回憶錄、口述訪問及日記最為重要，其中日記的完成最即時，描述較能顯現內在的幽微，最受史家重視。

日記本是個人記述每天所見聞、所感思、所作為有選擇的紀錄，雖不必能反映史事整體或各個部分的所有細節，但可以掌握史實發展的一定脈絡。尤其個人日記一方面透露個人單獨親歷之事，補足歷史原貌的闕漏；一方面個人隨時勢變化呈現出不同的心路歷程，對同一史事發為不同的看法和感受，往往會豐富了歷史內容。

中國從宋代以後，開始有更多的讀書人有寫日記的習慣，到近代更是蔚然成風，於是利用日記史料作歷史

研究成了近代史學的一大特色。本來不同的史料，各有不同的性質，日記記述形式不一，有的像流水帳，有的生動引人。日記的共同主要特質是自我（self）與私密（privacy），史家是史事的「局外人」，不只注意史實的追尋，更有興趣瞭解歷史如何被體驗和講述，這時對「局內人」所思、所行的掌握和體會，日記便成了十分關鍵的材料。傾聽歷史的聲音，重要的是能聽到「原音」，而非「變音」，日記應屬原音，故價值高。1970 年代，在後現代理論影響下，檢驗史料的潛在偏見，成為時尚。論者以為即使親筆日記、函札，亦不必全屬真實。實者，日記記錄可能有偏差，一來自時代政治與社會的制約和氛圍，有清一代文網太密，使讀書人有口難言，或心中自我約束太過。顏李學派李塨死前日記每月後書寫「小心翼翼，俱以終始」八字，心所謂為危，這樣的日記記錄，難暢所欲言，可以想見。二來自人性的弱點，除了「記主」可能自我「美化拔高」之外，主觀、偏私、急功好利、現實等，有意無心的記述或失實、或迴避，例如「胡適日記」於關鍵時刻，不無避實就虛，語焉不詳之處；「閻錫山日記」滿口禮義道德，使用價值略幾近於零，難免令人失望。三來自旁人過度用心的整理、剪裁、甚至「消音」，如「陳誠日記」、「胡宗南日記」，均不免有斧鑿痕跡，不論立意多麼良善，都會是史學研究上難以彌補的損失。史料之於歷史研究，一如「盡信書不如無書」的話語，對證、勘比是個基本功。或謂使用材料多方查證，有如老吏斷獄、

法官斷案，取證求其多，追根究柢求其細，庶幾還原案貌，以證據下法理註腳，盡力讓歷史真相水落可石出。是故不同史料對同一史事，記述會有異同，同者互證，異者互勘，於是能逼近史實。而勘比、互證之中，以日記比證日記，或以他人日記，證人物所思所行，亦不失為一良法。

從日記的內容、特質看，研究日記的學者鄒振環，曾將日記概分為記事備忘、工作、學術考據、宗教人生、游歷探險、使行、志感抒情、文藝、戰難、科學、家庭婦女、學生、囚亡、外人在華日記等十四種。事實上，多半的日記是複合型的，柳貽徵說：「國史有日歷，私家有日記，一也。日歷詳一國之事，舉其大而略其細；日記則洪纖必包，無定格，而一身、一家、一地、一國之真史具焉，讀之視日歷有味，且有補於史學。」近代人物如胡適、吳宓、顧頡剛的大部頭日記，大約可被歸為「學人日記」，余英時翻讀《顧頡剛日記》後說，藉日記以窺測顧的內心世界，發現其事業心竟在求知慾上，1930年代後，顧更接近的是流轉於學、政、商三界的「社會活動家」，在謹厚恂恂君子後邊，還擁有激盪以至浪漫的情感世界。於是活生生多面向的人，因此呈現出來，日記的作用可見。

晚清民國，相對於昔時，是日記留存、出版較多的時期，這可能與識字率提升、媒體、出版事業發達相關。過去日記的面世，撰著人多半是時代舞台上的要角，他們

的言行、舉動,動見觀瞻,當然不容小覷。但,相對的芸
芸眾生,識字或不識字的「小人物」們,在正史中往往是
無名英雄,甚至於是「失蹤者」,他們如何參與近代國家
的構建,如何共同締造新社會,不應該被埋沒、被忽略。
近代中國中西交會、內外戰事頻仍,傳統走向現代,社會
矛盾叢生,如何豐富歷史內涵,需要傾聽社會各階層的
「原聲」來補足,更寬闊的歷史視野,需要眾人的紀錄來
拓展。開放檔案,公布公家、私人資料,這是近代史學界
的迫切期待,也是「民國歷史文化學社」大力倡議出版日
記叢書的緣由。

導言

劉維開
國立政治大學歷史學系教授

一

　　陳布雷（1890 年11 月15 日－1948 年11 月13 日），
浙江慈谿人，原名訓恩，字彥及，筆名布雷、畏壘。早年
為記者，之後從政，歷任國民政府軍事委員會侍從室第二
處主任、國防最高委員會副秘書長、中國國民黨中央政治
委員會秘書長等職，是蔣中正在大陸時期最倚重的幕僚，
信任之專，難有相比者。從政日記，開始於1935 年3 月1
日，終止於1948 年11 月11 日逝世前夕，前後十三年又八
個月。事實上，在此之前亦有日記，1935 年10 月12 日，
陳氏曾「整理舊篋，得民國十一年之舊日記三冊，重讀一
過，頗多可回味之處。」然這部份的日記至今並未得見，
僅能於其《回憶錄》了解一二。

二

　　關於《陳布雷從政日記》的流傳經過，陳氏八弟陳
叔同應《傳記文學》社長劉紹唐之邀，撰〈關於陳布雷

日記及其他〉（《傳記文學》第55卷第5期，1989年11月）一文說明。根據陳叔同的記述，陳布雷逝世後，家屬曾將其於1936年及1940年所撰寫之《回憶錄》，即出生至五十歲止之求學與工作經歷，以原始親筆墨蹟於1949年初出版。「不久時局危殆，政府各機關紛紛撤離大陸，正當上海行將淪陷之際，又匆匆將布雷先生自民國二十四年一月起至三十七年十一月十二日其逝世前夕止的親筆日記，全部以拍照縮製卅五米厘微膠卷，裝置小盒，由大陸帶出，分藏於美、臺各家人手中；而日記原稿數十冊，仍留置上海無法運走。」「日記原稿，為毛筆字書寫之十行紙簿本，整十三年之日記，多達數十冊，約五百七十萬字。經製作微膠卷，重僅三百公克，雖當時製作微膠卷技術，遠不如今日，但能安全攜出布雷先生日記於自由地區，實為一大幸事。」日記膠卷攜出後，陳氏家屬一直未作任何處理，至1961年間，臺北方面家屬考慮日記閱讀方便，並能妥善保存，認為似宜設法排印，乃先將每一膠片沖印為5乘7英吋照片，達可直接目視閱讀之程度，以利排版，復由陳布雷六弟陳訓悆於《香港時報》社長任內，在香港排印三十部，每部五冊。

陳布雷日記之排印本，起自1935年3月1日。先是陳氏於1934年5月受蔣中正延攬，任軍事委員會委員長南昌行營設計委員會主任。1935年2月，蔣氏修改侍從室組織，分設一、二兩處，以陳氏為侍從室第二處主任兼第五組組長。3月1日，軍事委員會委員長武昌行營成立，陳

氏參加成立典禮，並於是日起始為日記，謂：「自三月起始為日記，自是日日為之，未嘗中輟焉」。日記結束於1948年11月11日，為逝世前二日，時任中國國民黨中央政治委員會秘書長。因日記所涉時間，為陳氏從事政務階段，家屬乃將其題名為「陳布雷先生從政日記」。復以「布雷先生從事黨政工作數十年，雖無顯赫官位，但大部時間，均為輔佐決策當局，暨任總裁文字之役，其內容多涉當時決策及中樞官員，我家人亦深知布雷先生日記之發表殊非所宜」（陳叔同文），因此於題名加「稿樣」兩字，為「陳布雷先生從政日記稿樣」，表示僅為樣書並非正式出版品，由居住在大陸以外地區之家屬各自保存，作為紀念。2016年1月，美國史丹福大學胡佛檔案館宣布由陳布雷侄兒陳迪捐贈的陳布雷日記將完整對外公開。陳迪為陳訓念長子，因陳布雷日記原件目前藏在南京的中國第二歷史檔案館，該日記應為當年排印《陳布雷先生從政日記稿樣》之依據。

三

《陳布雷先生從政日記稿樣》完成後，並未對外界透露，僅由陳訓念檢送一套呈報蔣中正鑒核。至1988年2月，南京中國第二歷史檔案館出版的《民國檔案》刊登〈陳布雷日記選－1936年1月－2月〉，首度揭露陳布雷有日記存世。次（1989）年底，臺北《傳記文學》轉載

〈陳布雷日記選－1936年1月－2月〉，同時發表前述陳
叔同撰寫之〈關於陳布雷日記及其他〉一文，外界始知除
日記外，尚有日記排印本由家屬保管。

　　對於《民國檔案》及《傳記文學》刊登陳氏日記一
事，陳叔同於該文中表示「時至今日，此一四十年前涉及
政務黨務之私人日記，早因時移世遷，當事人十九亡故，
再無密而不宣之必要」，但為避免日記出現刪節或斷章取
義等問題，「亟願布雷先生日記持有人，能盡早主動予以
公開發表，以減少其被竄改與造謠欺世之機會」。《傳記
文學》社長劉紹唐亦於該文文末「編者按」中，表示：
「本刊正試洽此一日記稿本交由本刊連載之可能性」，然
似乎未有結果。2002年9月，陳氏長孫陳師孟出任總統府
秘書長後，將《陳布雷先生從政日記稿樣》全套五冊捐贈
國史館典藏，並同意提供研究者參閱。此後，陳布雷日
記排印本正式對外公開，研究者得以參閱，撰寫相關主
題。其中東海大學歷史研究所沈建億在呂芳上教授指導
下，完成碩士論文《蔣介石的幕僚長：陳布雷與民國政治
（1927-1948）》，為日記公開後，第一篇以陳布雷為主
題進行研究之學術論文，內容嚴謹，頗受外界好評。

　　留置在上海之陳布雷日記原稿，據復旦大學歷史文
獻學博士鞠北平在其學位論文《陳布雷文獻資料研究——
從議政到從政》中敘述，文化大革命時被抄家抄走，後來
輾轉流傳到了上海市檔案館。文化大革命結束後，上海市
檔案館將日記歸還家屬，家屬復將日記原件捐獻南京中

國第二歷史檔案館。該館於1988年在《民國檔案》第一期上，選刊1936年1至2月日記的內容，之後未再繼續，原件迄今未對外公開。目前大陸方面有兩個日記版本曾經為研究者運用。一是由陳布雷二子陳過保存之《畏壘室日記》影印件，該件據《陳布雷大傳》作者王泰棟轉述陳過說明，乃因日記原稿委託中國歷史第二檔案館保管，該館依例複印三套給家屬，此為其中一套，共二十九本，自1935年2月至1948年11月11日，缺1941年上半年一本。王泰棟撰寫《陳布雷大傳》、《陳布雷日記解讀——找尋真實的陳布雷》及寧波大學戴光中撰〈從陳布雷日記看其晚年心態〉等，乃依照此版本。一是上海市檔案館之抄寫本，該館將日記原稿歸還陳布雷家屬時，曾經留下了複印本，爾後由複印本衍生出抄寫本。鞠北平撰寫博士論文時所參考陳氏日記，即是其導師、上海市檔案館研究館員馮紹霆提供的抄寫本。抄寫本的內容從1935年3月1日到1948年6月30日，缺少最後四個半月。

四

日記是研究歷史人物的重要素材，不僅可以研究傳主一生經歷與思想，同時也可以研究與其相關人物之生平與思想。陳布雷日記每日以敘事性方式記錄，自起床至就寢，整日的工作情況，時間、地點、人物相當明確，內容包括處理公務、會客、出訪、談話等，簡要翔實，1935

年、1936 年日記並有摘錄各方呈送報告內容，實際上就是他的工作日誌。1935 年，陳氏曾隨蔣氏至四川、貴州、雲南等地巡視，對於地方政情及風俗民情多有記錄，可作為抗戰前中央對於西南地區理解之參考。

陳氏亦於日記中記錄其自我檢討或對人事之個人意見，為理解其心態之重要參考。如1935 年7 月27 日，陳氏以長篇文字反省其短處，列出八項缺點，以及四項「急救之道」與應學習對象，曰：「今晨澈底自省余之短處，不一而足，憤世太深而不能逃世，此一病也。自待甚高，而自修不足，此二病也。既否定自身之能力，而求全好勝名心未除此三病也。憤激之餘，流於冷漠，對人對己均提不起熱情，甚至事務頹弛，酬應都廢，而託於淡泊以自解此四病也。對舊友新交，親疏冷暖，往往過當，有時興酣耳熱，則作交淺言深之箴規，無益於人，徒滋背憎此五病也。對於後進祇知獎掖，不知訓練，又不知保持分際之重要，對於部屬，祇知涉以情感，不知繩以紀律，此六病也。對於公務，不知迅速處理，又不能適當支配，遲迴審顧，遂多擱置，此七病也。手頭事務不能隨到輒了，而心頭時常牽憶不已，徒擾神思，益減興趣，此八病也。受病已深，祛之不易。但既不能逃世長往，則悠悠忽忽，如何其可。急救之道宜從簡易入手。一、戒遲眠；二、戒多言；三、勿求全；四、勿擱置太久。（五日一檢查）其在積極方面：安詳豁達，宜學幾分大哥之長處；熱情周至，宜學幾分四弟之長處；處事有條理宜學幾分黎叔之長處；

交友處世，不脫不黏，宜學幾分佛海之長處；循此行之，庶寡尤悔乎。」在1935年11月中國國民黨五全大會之後，陳氏深感體力心力交疲，兼以黨政機構改組以後，人事接洽，甚感紛紜，乃向蔣氏請准病假一月，杭州養病。在此期間，陳氏對於自身精神狀況多有檢討，如12月20日記道：「自念數年來所更歷之事，對余之志趣無一脗合、表面上雖強自支持，而實際無一事發於自己之志願。牽於情感，俯仰因人。既不能逃世長往，又不能自伸己意。至于體認事理，則不肯含胡，對於責任又過分重視。體弱志強心羸力絀。積種種矛盾痛苦之煎迫，自民十六年至今，煩紆抑鬱，無日而舒，瀕於狂者屢矣。每念人生唯狂易之疾為最不幸，故常於疾發之際，強自克制，俾心性得以調和。亦賴友朋相諒，遇繁憂錯亂之時，往往許以休息，然內心痛苦，則與日俱深。頗思就所經歷摹寫心理變遷之階段，詳其曲折，敘其因由，名曰『將狂』，作雜感式之紀述，或亦足供研究心理變態者之參考也。」

陳布雷交遊甚廣，在日記中留下了大量的交往記錄，大體而言，可以分為幾個部分：家人、早年就讀浙江高等學校的同學、任教寧波效實中學之同事、新聞圈友人、侍從室同僚、中央及地方黨政人士等，其中尤以最後兩部分在日記所佔分量最多，有時亦會記下對人的品評或個人感想，頗具參考價值。如1936年10月26日，聞湖北省政府主席楊永泰於前一日在漢口碼頭遇刺身亡，記道：「暢卿為人自負太高，言論行動易開罪於人，一般對之毀

譽不一，然其負責之勇，任事之勤，求之近日從政人員中亦不可多得。竟死非命，至足惜也。」陳氏與楊永泰共事頗久，此段評論，當為近身觀察所得，可為理解楊氏行事之參考。再如1936年12月7日，陳氏閱報知黃郛因肝癌病逝，記道：「黃氏智慮周敏，富於肆應之才，然兩次當外交之衝，均蒙惡名以去，病中鬱鬱，聞頗不能自解，竟以隕身，亦時代之犧牲者。」此段記述對於理解黃郛，乃至黃氏與蔣中正關係之變化，提供了若干訊息。

另一方面，陳氏作為蔣中正之重要幕僚，除代擬文稿、參與會議外，日常與蔣氏接觸頻繁，亦常奉指示，就重要決策徵詢黨政相關人士意見，這些過程往往記錄於日記，提供理解蔣氏之側面資料。如1936年5月，陳氏隨侍蔣氏自廬山返京，於九江搭艦至蕪湖，途中與蔣氏作三十分鐘之談話，詳述其對於國事之觀察及自身心理煩悶之由來，蔣氏勸其注意身體，以和而不同為立身之準則，記道：「委員長謂：種種消極悲觀，多由身體衰弱而起，宜節勞攝生，對人對事則仍須保持獨立之見解，以和而不同為立身之準則可耳。」（5月4日）是年9月，成都事件、北海事件相繼發生，中、日兩國緊張情勢升高，蔣氏時在廣州，各方催促其返回南京之電報不斷，陳氏於23日記道：「行政院各部會長昨聯電促委員長歸京，今日孔副院長亦來電請歸京主持，均奉批『閱』字，但對余言：此間事畢，則歸京耳。」復記：「晚餐畢，委員長來侍從室，命予同往散步。旋同至官邸，侍談甚久。見委員長從容鎮

定，對國內政治等仍從容處理。略談外交形勢，亦不如京中諸人之憂急無措，但微窺其意，當亦以大計無可諮商為苦。」再如1948年4月，中國國民黨六屆臨時中全會堅持欲推蔣中正為行憲第一任總統候選人，與蔣氏原意不合，6日晚，蔣氏與陳談話一小時餘，談話內容如何，不得而知，但陳氏於次（7）日日記記錄對蔣談話之感想，曰：「追繹委座昨日之談話，知其對中樞散漫情形甚關懷念，然積習相沿，遺因已久，蓋在第四次代表大會時始矣。今日欲圖補救，確非重振綱紀不可。此決非另起爐灶之謂，實應痛下決心，由中樞諸人衷心懺悔，改革制度，改革作風，刷新人事，多用少壯幹部。而任用幹部，則以公誠與能力為第一標準，如此一新耳目，庶克有濟。今日領袖不能再客氣姑息，黨員不能再諉過塞責了事，非一新耳目，不足以使本黨存在，以號召國人。然環顧黨中能自反自訟者寥若晨星，新幹部亦未作適當之培養，念之殊為憂心悄悄也。」4月12日，蔣氏主持總理紀念週講話，內容關係黨紀黨德及對部分國大代表主張修憲之意見，次日《中央日報》僅有六行的篇幅報導。陳氏則於日記記錄蔣講話重點：「注重黨德，遵守黨紀，決不可以私害公，亦不可對外自損黨的信譽。現值非常時期，應知國恥重疊，國難嚴重，切不可議論紛紜，使大會曠日持久，遷延時日。要知拖延大會日期，使吾人不能專心努力於戡亂，正為共產黨所求之不得者。至於憲法未始不可修改，然此次以不修改為宜，即或顧及戡亂時期之臨時需要，亦應以其他方法求

變通之道。關於擴大國民大會職權及設置常設委員會，萬不可行。至戡亂完畢時，自可召集第二次大會。」對於探討蔣氏之心態，具有相當參考價值。

陳氏於1948年11月13日去世，1948年為其最後一年日記，而該年亦是中華民國實施憲政的第一年。行憲伊始，對於政府而言，各種問題，紛至沓來，陳氏周旋其間，精神負擔沉重，對黨內諸多現象，憂心不已，於日記中多有反映，深感「黨內情形複雜，黨紀鬆弛，人自為謀，不相統屬」，（5月5日）藉由其日記所記，不僅可以揣度陳氏在這一年之心境轉折，亦可知除軍事之外，政府與蔣中正在政治上所面臨的困境，對於1949年大變局，能有更深一層的理解。

《陳布雷先生從政日記稿樣》自史政機構對外公開後，數十年來已廣為學者參閱，相關研究著作陸續出現。然《陳布雷先生從政日記稿樣》原意並非提供研究之用，閱讀上仍有不便。今民國歷史文化學社以該書為基礎，重予校對排印，公開出版，以期為民國史研究者提供重要參考資料。此不僅對國民政府、軍委會內部運作之研究、對蔣中正研究，以及民國史相關研究，均具重要意義。對陳布雷個人，其文字造詣深，忠勤任事，而生活淡泊，日記記事更給予後人諸多啟示。

編輯凡例

一、本套日記為原東南印務出版社編印，但最終並未
　　發行之《陳布雷先生從政日記稿樣》，自1935年
　　3月1日起，至1948年11月11日止。

二、本套日記依原東南印務出版社編印之版本，重新
　　以橫式排版，與原書排版方式不盡相同。

三、古字、罕用字、簡字、通同字，在不影響文意
　　下，改以現行字標示；原手民誤植之處則直接修
　　正，恕不一一標注。

四、部分內容為便利閱讀，特製成表格，並將中文數
　　字改為阿拉伯數字。

目　錄

民國 33 年

1 月 1 日　星期六　陰晴　五十一度

　　七時三刻起。今日為中華民國卅三年歲旦，我國家前途日益光明，對日反攻行將開始，若能舉國一致，奮勉圖強，則建國完成，可操左券。然軍事外交，荊棘尚多，芟刈廓清，又在吾人今年之努力。余惟願體力不衰，能使工作效率不減去年，則幸甚矣。八時到堯廬舉行本室國民月會，果夫未到，由羅郜子君代表。行禮時蔚文主任主席，禮成即舉行團拜。旋偕各組長至官邸賀年，委座未出見，遇季陶、子文於門首，出至蔚文處小坐。八時五十分到國府，九時遙拜總理陵寢畢，接續舉行開國紀念典禮。蔣主席致訓詞，並對軍職人員授勳。余今日晉受二等雲麾章，係去年雙十節令頒也。元旦文官頒勳案內，並蒙特授一等景星章。十時禮成，歸寓。芷町、秀民、滇生、振夫、和九、鎮寰、超英、風虎、君勉、宗濂等均來賀年，周旋至一時。滄波來談。午餐後略休息，偕皋、鎧、明、樂四兒同歸山洞。九妹及皓兒、細、憐兩兒均已先在，團聚極驩。晚餐時飲白乾一杯。夜與諸兒談話，意態頗閒，十一時寢。

1 月 2 日　星期日　陰　五十二度

　　九時二十分起。食脫裸菜年糕湯，皆家庭生產，味極鮮美，盡一大碗，甚覺津津有味也。與諸兒等談話，並分交學費後，十時卅分動身回渝，謙五內弟來賀年，以湯

糰餉之。向午董顯光君來談。中餐後閱開羅會議諸人之報告八份。二時卅分小憩，至四時十分起。五時往謁委座，請示廣播詞英譯稿發表事。委座甚不以國際宣傳處之遲延為然，其實乃蔣夫人留置研究，咎不全在國宣處也。即囑顯光將原稿發表。夜約希聖來，談話久之。芷町有目疾，今日未來。與六弟談報事。十一時卅分寢。

1月3日　星期一　陰　五十二度

　　八時卅分起。赴國民政府參加紀念週，委員長主席，對文武僚屬訓話，以負責力行，切勿心口相違相勗勉，歷一小時始畢。今日紀念週到者甚盛，孫科、宋子文兩君平素罕到者也。十時出席國防最高委員會一二七次常會，決議例案十二件，重付審查者二件，十一時卅分會畢。與亮疇、天翼、伯南諸君談話，歸寓已十二時矣。午餐後小睡至三時起。今日室內頗冷，下午作事不能緊張。傍晚委座命往見，囑研究中國經濟學說事。七時後晚餐，夜處理四組件十餘件，與芷町談今年處務。又與四弟談話。十一時卅分寢。

1月4日　星期二　晴　五十二度

　　八時三刻起。程天放兄來談中政校事及憲政問題討論會事，約一小時而去。與參事室通電話，接洽講演人員。以久不理髮，呼匠來盥沐一過，甚覺輕舒。十一時谷正鼎同志來談陝西省政及黨務情形，至午始別，此君見理

清晰，口才尤佳，甚可佩也。午餐後小睡竟久戀而不能
起，畏寒如此，余之衰可知矣。閱六組情報件十餘件，傍
晚偕屬生、芷町參加主任會餐。今日並約見經濟建設策進
會會員多人，冷禦秋先生陳述意見甚詳。餐後由朱炳南專
員報告國際貨幣問題。十時歸，處理四組件十件。十一時
後閱憲政月刊及革命文選。一時始寢。

1月5日　星期三　陰雨　五十二度

昨晚入睡當在三時以後，今晨九時五十分始起。盥
洗未畢，而季陶來訪，商談對黨內先進授勳事，主張先授
少數人員，餘由中常會另行核擬。季陶並談及公務員保險
問題。十一時謝耿民秘書來訪，知亮疇先生又小病矣。
十二時參加參事會報，張伯苓、莫德惠出席，由郭、張、
陳、王先後報告，散會時已二時四十分。回寓小憩，至四
時起。竺藕舫先生及鄭曉滄學兄來談約一小時。乃建、毓
麟先後來談。夜閱六組批表及呈件三疊，處理四組件十餘
件，作簽呈三件。十一時卅分寢。

1月6日　星期四　陰　五十二度

八時五十分起。九時十分委座電話約往談四聯總處
事，並詢志願從軍學生接待情形。出至四組，個別約見
葉、李、鄭秘書、王熙、梁大倫、王碧然、夏新霈、何亦
清、熊湘諸人談話，分別慰勉之。十二時許歸寓，康兆民
君來談。午餐後略睡至三時許起。與於組長通電話，盧主

任秘書來談國防會專委會事。甘副秘書長來談公務員保險案。六時卅分芷町來，處理四組件六件。七時四十分到官邸陪客，列吳奇偉、谷正倫、正鼎、譚伯羽、端木愷、周茂柏、吳紹澍諸人，餐畢略談，至十時歸寓。閱五組件。唐組長來談。十一時卅分寢。

1月7日　星期五　陰　四十八度

九時卅分起。近日夜仍失眠，晨則遲起，精神又有不振之象。上午閱報後，讀雜誌數種，仍不能收放心。閱六組發文及情報件數件。陳公洽先生來談三刻鐘，午餐後芷町來談。二時後小睡至四時許始起。室內溫度低降，電爐不煖，以此更不思作事。如此懶散，何以度戰時生活歟。立夫來函，商修訂教科書事，為摘呈之。五時公展兄來談圖書雜誌審查及憲政協進會事。顧執中君來談陸詒事。晚餐後接手令兩件，又關於授勳案一件，即簽核之。處理公私函札卅餘件，核上月本處開支。十二時寢。

1月8日　星期六　陰　四十八度

九時三刻始起。昨夜失眠，三時後始入睡。日來易感多慮，諒由交辦事件較雜之故也。處理本日事務四件畢，陸步青君來談國定教科書編輯標準，詢余可指示原則否，余答以委座注意教科書，其意乃在盡量鎔生活教材於課本之中，並須盡量顧及學習過程之便利，此外當亦無他責難。陸君聞之，謂如此乃易於進行。此事由委座手諭批

評國定小學國語教科書而起，教部已有呈覆矣。與步青談約一小時許而去。十一時三刻芷町來，今日黨政會報在中訓團舉行，與芷町同赴之。一時會餐，到文白、書貽、公洽、天翼、寒操、超俊等及青年團處長、副處長多人。餐畢各單位提出報告，委座指示三點：

（一）應檢討過去工作而定本年度之方針，勿隱飾，勿姑息；

（二）凡事應控制重點，切忌廣泛寬廓；

（三）要從最顯著之缺點改革起。

並申述對憲政實施協進運動及青年學生從軍運動之方針。又申述出席開羅會議途中所見之感想，謂英人無他長，惟在其組織力強，與作事一本科學化精神耳。三時會畢回寓。與芷町商考核委員會事。四時後略睡一小時。委座電話指示宣傳之件，為電話轉達之。谷主席正倫來談甘政約一小時去。傍晚明兒來寓。晚餐後公洽來談。旋滄波來訪，談至九時卅分去。處理四組呈件多件，又核批函札四件，閱手令十六件，連昨日共四十六件。至十一時廿分始就寢。

1月9日　星期日　陰晴　五十二度

八時卅分起。盥洗畢，匆匆赴中央訓練團，參加黨政班二十九期，高級班第二期開學典禮，除兩班學員外，並到有拉卜楞代表團十餘人。委座致訓詞，歷一小時餘始畢。十時卅分回寓，力子先生來談參政會事及憲政實施協

進會事，十一時卅分去。午餐後閱六組呈件二疊。今日各件中頗多重要者，二時始閱畢。小睡至三時卅分起。顧執中君介紹陸詒來談，約一小時。余對之印象殊不佳。傍晚與皋兒談話，今日休沐歸來也。晚餐後處理四組文件，希聖來談。自誠來談。十一時卅分寢。

1月10日　星期一　陰、霧大　四十九度

八時十五分起。盥洗畢，即赴軍委會出席紀念週。今日由陳藹士先生報告主計處業務，歷一小時始畢。委座復加引申，勉各機關以不妄用一人、不浪費一錢，應尊重會計、審計人員。十時卅分始畢，與立夫略談，彼之喉病已癒矣。十一時抵寓，閱本日報紙。旋實之來訪。十二時到中央黨部會餐，並開談話會，商憲草研討問題，余發言兩次，殊覺太多事，後深悔之。在談話會席上，患喉頭紅腫，且發音微啞。午後小睡至四時許起。青藏公路局工程師陳孚華來訪。向晚心緒煩亂，意頗不懌。閱六組件，亦覺有不妥處。夜處理四組呈件十件，改講稿概略，閱外交電。十二時就寢。

1月11日　星期二　陰　四十九度

昨夜幾於大半夜失眠，今晨又早醒而不能遽興，至起床時又在九時後矣。喉嚨嘶啞，至為難受。閱外交電多件。十時卅分到國府文官處訪魏文官長，商談襃揚趙次隴主席事。文官長留談處務，約一小時而歸。盧作孚先生來

訪，談造船機械建設，精神奕奕可佩。午餐後小睡未成
眠，近日情緒低落，精神散漫，而多雜慮，若覺疚戾甚
重，積習甚深，而無法挽回者。閱第六組呈件二疊，批表
四件。四時後劉同繹世兄來談，聰明篤實，甚為可愛。閱
外國記者常德戰報三冊，凡五、六萬字。八時偕馬叔平參
加主任會餐，到行嚴、新之、光甫、攻芸、青甫諸來賓。
蔡文治講美國建軍，十時歸。十二時寢。

1月12日　星期三　陰　五十度

九時起。今日腦筋紛亂之狀已較昨日減退許多，然
喉音嘶啞仍未癒也。閱六組送來批表數件及呈件一疊。徐
建侯君來談，意在要求工作，並接濟生活，告以安置之
難，允為轉陳委座。向午葉秋原君來談，杭州人，葉浩吾
先生之同宗，今為立法委員，乃一忠實之天主教徒，寫作
家也。午餐後小睡至三時許始起。改定對軍需人員訓詞紀
錄一件。四時出席官邸之特別小組會議，報告黨部工作檢
討辦法及考核委員會去年工作經過，又由吳秘書長報告憲
政協進會事。委座對本年預算之編製，認為凌亂不當，並
面交一冊於王秘書長，請其照批註辦理。六時散會歸寓。
閱第四組批表二十餘件，呈件四件。夜無事，極靜寂，讀
書至十二時寢。

1月13日　星期四　陰　五十一度

九時十分起。今日上午精神稍佳，但作事仍覺無力

也。閱羅斯福總統對其國會之咨文，知戰時意志之集中，實為不易做到之事。執行者惟有強任其難耳。閱第六組情報件及批表。午餐後仍小睡至二時卅分起。旋閱第五組發文四件。與祖望談本年考績事。省察去年度本處工作，甚多不安於心，皆由余領導無方之過也。譚伯英君來談，研究造船及築路機械，擬即赴美考察印證。六時熊天翼君來談設計局進行各事。晚餐後與芷町談公事。讀書，十一時卅分寢。

1月14日　星期五　陰　五十一度

八時三刻起。閱今日各報論文，中央日報論「中巴關係」，為王新命君作，其文殊不緊湊。掃蕩報論「日蘇關係」，措詞不妥處甚多。甚矣。宣傳人才之難得也。十時約兆梅、孟純兩編纂來談，以陝變善後紀要二冊文電摘錄及函稿摘存各一冊交之。詢其工作，並督促之。十一時乃建組長來談昨日軍委會會報情形，並討論情報宣傳聯席談話會事，又談第六組之業務。至十二時始去。午餐後核發五組文件三件。叔諒來談五組工作及圖書編目事。一時卅分小睡至三時許始起。閱第六組呈件及批表一疊。接中央日報轉來新疆平民余俠自迪化寄來一詳呈，述新省近狀多不滿之語，纏纏數千言，送第六組參考。傍晚張明煒君來談。旋可亭部長來談預算事甚久。八時始晚餐。餐畢，與希聖談組務，處理四組文件五件。閱葉秋原所寄靜遠堂詩。十二時寢。

1 月 15 日　星期六　陰雨　五十度

九時四十五分起。十時到中山室舉行區黨部區分部執行委員聯席會議，到各區分部同志約卅人。俞委員濟時本日宣誓就職，余略致祝賀之詞，旋即分別提出報告，並討論充實中山室與促進小組會議之問題，至十二時十五分散會。回寓午餐。餐畢，閱報一小時，午睡至三時卅分起。閱第六組之件兩疊，簽發學術講演之件。蔣夢麟又來談久之。傍晚閱美國「東西方工業獎學金計劃」。晚餐後與六弟談憲政。核閱六組呈件十二件，四組呈件十件，又處理公私函札約二十件。十二時寢。

1 月 16 日　星期日　陰　五十度

九時卅分起。今日精神似較佳，規劃五組工作，頗加思索，略有端緒。並整理書件兩篋，心情較昨日為安閒。向午葉秘書實之來談黨部秘書處之情形，囑其酌為連繫。午餐後小睡至三時許起。閱今日各報所載專論，鮮有精采，惟地政學會所出人與地專刊較有內容，囑五組保存之。致岳軍先生書一件，託明鎬帶去。向晚核閱六組發文四件，辦稿者尚未臻周妥。晚餐後致允默書，又核閱四組件，酌定五組考績。十二時就寢。

1 月 17 日　星期一　陰　四十九度

八時卅分起。赴軍委會出席聯合紀念週，由林雲陔部長報告審計部去年之工作，約一小時完畢。參加國防最

高委員會第一二八次常會，對公務員保險事討論頗久，以戴院長意，此事不能由社會部主管，決定重付審查。又討論例案六件。十一時散會歸寓。同鄉呂曉光君來訪，陳陶遺君所介紹者也。午餐後小睡至二時卅分起。三時到中央黨部，出席憲政問題談話會，到者約九十餘人。對憲草作逐章之研討。孫、戴兩院長及立法院各委員發言甚多，至六時卅分始散會。歸寓後閱六組呈件六疊。自誠來談。夜與芷町處理四組件。奉到手諭六件。十一時卅分寢。

1月18日　星期二　陰　四十九度

六時卅分即醒，然覺甚倦，再睡至九時起。蓋昨晚又失眠，至二時卅分始入睡也。午前閱六組批表一大疊，李永新君來談組織部經費事。程其保君來談康省教育及擬推進邊民教育事。午餐後與吳醫官麟孫談話，以手諭密查醫院之件交之。小睡至二時後起，其實未睡熟也。三時到十七號出席法制教育專門委員會聯席會議，審議禮樂館事及廣西省幹部訓練學歷銓敘資格事。四時歸寓，核閱六組情報件，並作函數緘。唐組長乃建來談，四十分鐘而去。七時希聖來談。八時偕希聖與董希錦參加主任會餐。子纓報告美戰後經濟政策，十時歸，理四組件卅件。十二時寢。

1月19日　星期三　陰　四十八度

九時起。十時到堯廬，出席情報宣傳聯席談話會，

到均默、盧白、同茲、中襄、彥棻諸君及情報機關各單位人員共十五人。唐、陶兩組長均參加，各人發言熱烈，相互交換意見，一時始散會。歸寓後金誦盤、吳麟孫來商視察醫院事。二時小睡，三時赴十七號，出席財、教、法聯席會議，四時歸。林樹恩（成都行轅政治部主任）來談。四時卅分立夫兄來談教育方面之各項問題，約二小時餘別去。閱六組情報件十餘件。夜寒甚，處理四組件十餘件，接手諭一件。至十一時畢。祖望來談組務。一時就寢。

1 月 20 日　星期四　陰　四十九度

九時卅分起。閱第六組批表五件，皆關涉對外事件者。周佩箴、王惜寸兩君來訪，談農民銀行開股東大會事，凡一小時許始去。昨晚接手諭一件，詢對付共黨虛偽宣傳事，研究其處理辦法，而不得結果。以機構不健全，人事不充實，殊無著手之處也。午餐後仍作事，今日廢止午睡，閱五組件凡十餘件，六組呈件四疊，甚為費力。接王芸生君函，論憲政，即函覆之。四時卅分童冠賢君來談，將赴西安就監察使事。旋范予遂君來談，定二十五日赴魯。傍晚四組送來批表一大疊，閱之費一小時餘，又處理呈件四件。旋滄波兄來談，晚餐後仍續談一小時去。實之來談。今晚不作他事。十一時洗澡後寢。

自省雜記

入新年以來，檢點去年工作，瞻望來日艱難，繁思

雜慮，絡繹紛紜。從前自以為在服務方面消極的差能無愧者，今乃知此見之妄。蓋余之短處太多，以庸劣短絀之才，而當繁要之地，他人雖譽為清靜寧謐，而實際上曠廢職責之處，實不勝其自訟。兩週以來，皆為此一念而苦惱。既求代之不得，亦驟改之未能，欲期稍寡愆尤，惟有從定心、養氣、勤職、惜時四者著手。責效以漸，而持之以恆，庶有濟乎。今晨閱中央日報所載座右銘數則，摘其可以藥余之病者簡錄數則如下：

（一）須以有定之心，應無定之事，不可稍涉張皇自亂心意。

（二）志不衰、氣不竭、乃足以膺艱鉅之危局。

（三）近來焦慮太多，無一日游於坦蕩之天，總由名心太切，俗見太重，去此二病，惟有在一澹字上著意。

（四）每日靜坐一、二時，求其放心，常使清明在躬。（曾文正語）

（五）從工作中尋覓安慰，從勤勞中祛除雜念。

（六）明日復明日，明日何其多，我生待明日，萬事成蹉跎。

（七）人有二耳，只有一口，多聞寡言，進德之要道也。（1月21日上午十時記）

1月21日　星期五　晴　四十九度

九時卅分始起。記「自省雜記」一段畢，殊自慨嘆，

當不知此後能實行否。閱第六組情報件十五件，並研究考核委員會之件。今日此心放佚散亂，仍不克凝聚集中，甚矣，修養之缺乏也。向午威博來，午餐後去，為可可甥女作學籍證明書一件。小睡又至三時始起。辦理考績案。芷町來談，又為核擬授勳事辦簽呈一件。閱四組送來文官處簽請國府委員會開會之日程，繁瑣而不得體要。五時卅分奚玉書君來談，其篤實亦殊不可多得。傍晚六組送來呈件兩疊，即核閱之。何總長呈聯席會報去年之工作檢討及今年計劃，欲簽核而無法下筆，洵為可嘆。夜處理四組件，簽核國府件。十二時寢。

1月22日　星期六　陰　五十一度

九時起。十時前到行政院，十時參加考核會議，由陳秘書長、主計長、銓敘、審計兩部部長及君佩、自明、渭南、子壯諸君分別報告，最後委座作結論。大致以：

（一）慎選考核人員做到機關學校化；

（二）注重專業考核；

（三）確定工作重心，黨務部分抽查區分部，政務部分考核基層地方自治，如保民大會及中心學校等。

為今後工作指導要綱。又通過考核工作應注重重點一案。一時始散會。在厲生室內休息，再談十五分鐘而歸。午餐後二時始休息，三時卅分起。今日精神較佳，閱外交電五十餘件，六組呈件十餘件，又閱簽呈稿及審核件兩件。蔣君夢麟來談甚久。夜與四弟、六弟閒談。發白

虹、孟海、純熙補助金。處理公私函札二十件，處理四組
件四件。芷町來談，十一時卅分寢。

1月23日　星期日　陰　五十一度

九時起。今日精神稍佳，諒由天氣漸轉之故。上午
辦理調查教育界、實業界及兵工技術人員對抗戰有功者之
授勳件。天放兄來談，未及接見，囑叔諒代見之。分配祖
望、子猷、叔諒年終補助金，又分配年節賞金。午餐時與
希聖等討論中央日報之社論撰寫問題。與委員長通電話，
為訪英團仍決令順道訪土耳其事。小睡起後，閱許秘書
（關於復員）、邵秘書（關於中蘇外交）報告書各一厚
冊。唐乃建組長來，詳談組務。閱六組情報兩疊。羅佩秋
秘書來談第三處事務。晚餐後處理四組之件，與六弟、四
弟長談。十二時寢。

1月24日　星期一　晴、陰　五十二度　陰曆歲除

九時前卅分起。到軍委會出席聯合紀念週，賈部長
煜如報告去年銓敘部工作，謂人事選審查案去年達二十七
萬件之多，卅一年約十六萬件，而十九年至卅一年總數僅
廿六萬件，可見銓政之日上軌道矣。總裁繼作結論，有所
補充，十時卅分散會歸。閱本日各報及第六組呈件卅餘
件，中間為接洽明日會談事，接電話數次，又接於組長送
來各件，為補充整理而歸還之。午餐畢小睡至三時始起。
閱簽呈批件三件，交祖望分別辦發之。孟海來談約半小

時。實之來談今晨中央常會情形。旋芷町來談，不久即去。閱手諭數件，又處理四組呈件五件。今日除夕，市內爆竹之聲時有所聞，余以事羈，未回山寓。夜與四、六兩弟、望弟及迨姪、約姪分歲。晚餐後集家人閒談。十二時卅分寢。

1月25日　星期二　陰　五十二度

八時卅分起。今日為陰曆元旦，余自茲乃為五十五歲矣。身體日衰，工作亦多遲滯，將何以自振乎。今日陪都各機關均休假一日，余以兩弟均在美專寓，故未回山寓。實之弟夫婦、炳、煜兩甥均來賀歲。旋唐乃建兄來談甚久。十一時天放兄來談中政校事，至午而去。謙五內弟來，午餐後去。王純熙組員來談，其親年老，盼歸省，擬請長假。慰勉之，始無語而去。然由此可見公務員生活日艱，今年人事上之應付必愈困難也。小睡至三時起。與六弟、四弟閒談。五時奉手諭一件，為四聯總處事。六時約芷町來商談，未有如何結果。晚餐後擬致羅總統祝壽電稿，並處理四組文件五件，作函三緘。十二時就寢。

1月26日　星期三　陰　五十度

九時起。委員長約往談話。面示對於四聯總處加強之要點，又詢研究結果如何？具述而陳之，並面陳駁斥中共宣傳事進行之困難，又略述對人事之意見，談約卅分歸。約沈參事來，囑其翻譯致羅總統電。沈君去後，核閱

本室發文（考績等事）數件，又修改對從軍學生訓詞全
文，至午始畢。午餐後小睡未熟，神經又不寧。四時到官
邸參加特種小組會議，由梁、朱兩部長報告擬討憲草運動
之反應畢，屬生對基層黨政事有所陳述。總裁作結論，謂
今年黨務應以健全區黨部為中心工作。六時散會，約劉攻
芸秘書長來談四聯事。八時晚餐。夜閱六組各件。與希聖
談。十二時寢。

1月27日　星期四　陰　五十一度

八時五十分起。今日為懇親會事，接默君來寓。旋
皋兒、樂兒亦同來。樂兒患扁桃腺炎，將去醫院割治也。
閱報及第六組呈件一疊畢，邵力子先生來談憲政實施協進
會諸事。據邵君言，哲生先生將有提案，設置各區民意機
關之經常視導人員，此案甚費斟酌云。力子先生對會務之
處理太熱心而率直，不及雪艇之審慎而能應付。十一時陳
宗熙君來訪，談外交部機要室擬成立三科，改進電務。
十一時三刻亮疇先生偕孫丹林（北洋政府時代之內次，在
北平不肯附逆被敵壓迫而內來）先生來訪，請謁委座，為
簽呈之。一時午餐畢，小睡未熟。近日安眠藥已無效力
矣。二時卅分起，接積泉自蘭州來函，意欲離甘肅而來重
慶，其意乃在準備出國考試。三時於組長來談一刻鐘。芷
町來，一轉即去。忙於籌備今晚游藝，遂無心工作矣。劉
同縝世兄來談服務現況。林樹恩君來談陝西省之黨政各
事。四時卅分辦發憲政協會代電，並檢呈賀羅總統之電

稿。五時赴侍從室懇親會，到職員三百五十人，職員家屬二百四十餘人，委座及夫人親臨晚餐。餐畢，夫人先回去。七時游藝開場，一場演電影魔術，正場演「全本陸文龍」，為夏聲戲劇學校學生所演，忠孝節義兼而有之，甚見精采。十一時卅分完畢，歸寓略談，十二時卅分就寢。

1月28日　星期五　陰　五十一度

九時卅分起。昨晚入睡太遲，然睡眠尚佳，係服藥適量之效也。閱辦四組文件二件、六組呈件一疊後，十一時卅分到委座處，報告憲政實施協進會議案及明日國府委員會開會事。委座示余以夫人改擬之祝賀羅總統生辰電稿，措詞之大方，文字之簡當，勝原稿遠矣。歸寓午餐後，小睡至二時卅分起，以電稿送外交部拍發。又閱六組呈件兩疊，徐中齊局長偕長沙市長梁君來談，不速之客也。傍晚接委座手諭，需擬新生活運動廣播詞，先為搜羅材料，預加準備。晚餐後與芷町研究四聯總處呈覆之件，並處理四組呈件十件。十一時卅分寢。

1月29日　星期六　陰　五十一度

九時卅分起。聞蕭秘書來電話，往覓之，則已至中訓團去矣。閱六組批表五件，處理五組件二件，核改一月八日對黨政會報人員訓詞一件。九妹自學校返寓，與之略談。午餐後小睡至二時卅分起。四弟錄編憲政實施協進會參考資料，並與余商量覆委座索閱明清史之件，余謂可先

覓購再呈也。四時卅分後為委座擬明日出席致詞之要點以供參考。今日下午頗思著手寫撰新生活運動廣播稿，但意緒紛雜，不能下筆。周宏濤君來談，六時後去。電燈忽暗，遂不復工作，然仍閱四組批表四十二件、呈件八件。八時到官邸晚餐，宴高級班主任教官，十時卅分歸。著手寫文，至三時卅分始寢。

1月30日　星期日　陰　五十度

九時卅分起。昨晚三時後始睡，清晨起床，甚覺勉強。九時五十分到軍委會，十時舉行憲政實施協進會第二次全體會，孫哲生先生主席，到會員二十九人。討論提案二件，至十二時休息。與林佛性、錢端升等談話，一時會餐。委座親臨參加並略述其開羅會議時之感想，意寓警惕，而不著痕跡，駝敘至二時始散。下午之會，余只得請假。歸寓倦甚，偃臥至四時許起。續成新生活廣播詞稿，腦力疲滯作痛，文思愈絀，下筆愈艱，六時始完稿也。晚餐時芷町來，閱四組呈件及發文各若干件。俞秘書國華今日受訓完畢，出團來見，談卅分鐘而去，補讀今日報紙。十時卅分寢。

1月31日　星期一　陰　五十度

以昨晚又失眠甚劇，今晨十時許始起。紀念週及國防委員會常會均不得不請假矣。十一時奉命有事與邵先生接洽，在電話中知程滄波君被訓責，此論文不向黨報投稿

也。與林主任商量國民月會更改時間事。午餐後細兒來家，余小憩至三時卅分起，似精神稍復。王孝寶、謝蘅聰兩君來談，約一小時而去。唐組長來談，批定董希錦秘書特別辦公費。飯後處理四組件。八時到官邸陪邵明叔、李璜兩君晚餐。十時歸，閱六組件，並作簽呈一件。文白來談久之。十二時寢。

2月1日　星期二　雨　五十度

八時卅分起。九時到堯廬，出席本室國民室會。林主任事冗未到，由余主席。為各同人講述委座新年以來對黨政軍各部門工作上之指示，約卅分鐘完畢。散會後歸寓，核簽中央團部檢討總報告之件，並清理積壓件二件。今日更寒冷，余腦力仍疲，腦左前側有一小塊隱隱作痛。希聖母病，擬請假歸貴陽省母，其意緒亦繁亂。午餐後小睡至三時起。程滄波兄再來訪，與談卅分鐘。今日有符定一先生來訪，四弟代見之。四時閱六組呈件兩疊。五時後處理四組呈件。芷町來談。旋毓麟來談。七時卅分偕陳石孚君並攜李白虹同至官邸會餐。陳石孚講解十字軍東征始末，十時卅分歸，略談即就寢。

2月2日　星期三　陰、中午晴　四十九度

八時五十分起。上午閱第四組之積疊件數件。與國華通電話，以彼將出發也。約細兒來談話，告以近日心境之繁雜，家庭來日狀況之艱難，並與談泉兒之出處。午餐後到官邸，擬謁委座，在客室晤宋子安君，略談而去。知無要事，乃於二時許回寓。午睡至三時卅分起。閱中央社英文參考消息，載孫夫人對聯合勞工通訊社談話，有涉及「游擊區」事，甚為悶悶。五時王芸生先生來訪，長談一小時餘去。閱六組件二疊。七時閱四組批表各件。芷町來，共同核閱發文五件。毓麟來，核閱發文六件。十二時寢。

2月3日　星期四　陰、中午晴　五十度

九時起。閱批表若干件。十時卅分到官邸，十一時送委座赴南嶽開軍事會議行後，即至曾家岩潘宅訪邵明叔先生，與談川省情形，並詢其對國事與抗戰要政之意見。邵先生殊健談，留共午餐，直至一時後始回寓，乃不復午睡。三時到中央黨部，參加憲政談話會。孫、戴兩先生主席，發言者甚多，最後由戴君作結論，六時卅分始散。回寓即晚餐，餐畢芷町攜來四組文件一大疊，以二小時之時間批閱之。又閱六組發文、呈件卅件。十二時寢。

2月4日　星期五　陰雨　五十一度

九時十五分起。九時三刻到監察院訪于右任先生，談陝西黨政各事，並以省黨部、省政府名單一紙商詢其意見。于先生留談至十一時後始歸寓。發函四緘。閱外交電數件。午餐後小睡至四時許始起。與六弟談憲政實施問題。與四弟談本室學術研究事。五時裴鳴宇君來訪，談山東黨務及地方抗敵武裝力量，其言下甚不滿於范予遂。晚餐後芷町來談，處理四組文件五件。陝建廳長陳慶瑜來談。十時健中來談。十二時寢。

2月5日　星期六　雨　四十九度

八時五十分起。到堯廬參加學術講演。今日為本年第一次，聽講者約五十人，薩孟武主講政治制度與五權憲法，自九時卅分開始，至十一時講畢。散會歸寓後，閱本

日各報。天氣奇寒，昨夜睡眠未足，精神殊不佳。午餐後
小睡至三時起。考慮特種宣傳之方案，未有端緒。滄波又
來談，知其心緒不定也。閱六組呈件卅餘件，乃建不在
組，諸事遂極費力，至晚餐時始處理完畢。夜芷町來談管
制物價事甚久，十時去。十一時就寢。

2月6日　星期日　晴　四十九度

九時卅分起。明兒昨日來家，今日赴校。樂兒喉部
未平復，為去函請假焉。沈祖杖君來訪，未暇與之罄談。
今日仍有意緒繁亂而精神散漫之現象。如此閒情，日復一
日，將何以為人乎。學緯、學績兩內姪來談故鄉情形甚詳
悉，約一小時。午餐後小睡至三時許始起。接岳軍先生來
函，懷舊之情躍然紙上。傍晚羅佩秋兄來談陝西省府人事
之件，並及他事。晚餐後苓西兄來談，對時局頗留心，惟
察其言色，似漸有老態矣。處理四組呈件十餘件，芷町來
談。又閱六組呈件二十餘件，極繁複。十二時寢。

2月7日　星期一　陰晴　四十九度

九時卅分起。今日精神仍不能自振，長此悠忽，為
之奈何。閱憲政實施協進會之建議案及憲政月刊，閱中央
常會今日討論政治結社法問題，哲生院長主張甚力。向午
蕭化之兄來談甚久。午餐後實之弟來，報告會中情形，知
眾論未定也。小睡至三時起。閱第六組關於加強電台諜報
工作之件。擬往訪魏大使未果。梁均默同志來談宣傳部

事，及孫夫人否認 Reynolds 新聞所登消息事。與曾部長
養甫通電話，談寶天、黔桂鐵路事。與盧作孚君在電話內
談充實物資事。夜處理五組件六件、四組件四件。公展來
談。十二時寢。

2月8日　星期二　陰晴　五十度

　　八時卅分起。作私函數緘，核閱第五組呈件及發文
十餘件。朱經農君來談，中央大學學生竟有反對應徵服翻
譯勤務者。學風如此，士習偷窳，人人只知自私，可嘆實
甚。孫丹林先生來談符定一之事，謂其當年在北平曾為敵
人作爪牙，以慫恿吳子玉投敵，此次來渝應加以注意。
十一時與國華通長途電話約卅分鐘。魏大使伯聰來談。一
時午餐，餐畢小睡至三時卅分起。閱外交電一疊，凡四十
餘件。又補閱五組件八件。任覺五君來談中央團部及重慶
支團各事。傍晚無事，與允默閒談。晚餐後為中央日報寫
社評綱要一則。閱四組件三件。旋閱六組件卅件。毓麟來
談。十一時卅分寢。

2月9日　星期三　晴　五十一度

　　八時卅分起。九時到中央黨部參加臨時常會，討論
憲草研討之指導及憲政實施會建議，訂立政治結社法問
題。余對後一問題，望請中央考慮，發言約二十分鐘。至
十二時卅分始散會。回寓午餐後，小睡至三時卅分起。接
泉兒來函及晧來函。顧執中君來訪，談陸詒入黨事。新運

總會副總幹事章楚（贊琴）來訪。范鶴言君來。傍晚熊天翼君來談，一小時餘始去。晚餐時謙五內弟、公弼兄來同餐。晚餐後閱六組呈件卅件、發文七件、四組件九件。與公弼長談。至十二時寢。

2月10日　星期四　晴　五十二度

九時卅分起。今日天氣晴朗清明，精神亦為之舒爽。然早晨仍復遲起，影響工作，甚引為內疚也。久不理髮，呼匠櫛沐，覺輕快許多。修改中央政治學校開學訓詞一篇，即交程寶慈司書寄發之。作簽呈二件，一為轉呈吳經熊譯件，一為呈送開羅會議日誌之件。午刻請陳醫官來注射Neohormbrel針，午餐後小睡至三時起。王冠青君來談甚久，頗擬約其來本室工作，以協助文字之撰擬，然未與之說定。與四弟、六弟談話。傍晚閱六組件兩疊、四組件四件。滄波來談。十一時卅分寢。

2月11日　星期五　晴　五十二度

晨九時起。九時卅分與允默同至山洞，並攜樂兒與俱。樂至小龍坎下車赴校，余則至林主席墓前與中央諸人祝其冥壽。隨同行禮訖，到山寓小坐，並至四圍巡視。十一時卅分仍與默回渝。午餐後閱報，小睡至二時卅分起。三時到范莊孔宅，參加農行董監聯席會議。聞今年度開支竟達四億餘元，殊駭人也。四時卅分先退，到中央黨部參加小組談話會，討論政治結社之事。余與哲生、力子

意見頗有出入，最後經屬生折衷之。六時散。夜處理六組件廿一件、四組件四件，又閱外交電。十二時寢。

2月12日　星期六　晴　五十八度

七時前即醒，八時廿五分起。盥洗畢，赴中華路國民參政會，九時舉行憲政實施協進會一、二、三小組聯合討論會，研究政治結社法問題。林彬、江一平二君首先發言，董必武、左舜生繼之，余及驪先、鐵城、寒操亦相繼陳述意見，結果以該法不必訂立專法作結論。哲生先生又指示若干促進統一團結之要點，十一時卅分散會歸。發電致前方，轉去周恩來覆董必武之支電，頗疑彼輩未必來渝也。午餐後小睡未熟，至三時始起。閱第六組呈件及發文共約卅件。四時參加五組業務小組會議，指示改進工作之要點，約一小時餘始散。處理私人函札二十件。皓兒來。夜處理四組呈件九件。與芷町談話。十一時就寢。

2月13日　星期日　陰　五十八度

九時卅分始起。昨晚睡眠尚暢，然早晨則矇矓不欲遽起也。明兒來家報告，阿樂入學校，級任教師狄子初對之仍極歧視，聞之極為不快。為作一函致狄君，請其本有教無類之言，始終教誨之。四組應組員來談。程天放兄來訪，以心繁未暇與之接晤也。十一時陳醫官來為我打針。午餐後小睡未熟，心緒繁鬱而散亂，小夢極多，腦筋不寧極矣。三時起。墉伯送來二十一年事略，交陳秘書核閱

之。閱六組呈件卅餘件、審查件一件。又處辦五組件一件，作簽呈三件。夜處理四組件，芷町來談。十一時寢。

2月14日　星期一　晴　五十七度

八時起。九時出席國府紀念週，由居院長報告司法院去年工作，約一小時畢。十時參加國防最高委員會第一三〇次常會，宋部長作外交報告，何部長軍事報告訖，孔副院長報告財政與物價情形，措詞冗長，而有不得體之語。溥泉、右任、可亭均有補充意見，咸以經濟情形為慮。十一時卅分後始討論議案，今日要案甚多，各委員皆草草了之，余等雖屢屢促起注意而無效也。十二時卅分會畢，與何總長談十五分鐘歸。一時午餐，餐畢打針，小睡至三時卅分起。今日精神較佳，殆注射已發生功效矣。孫澄方秘書（參事室）及俞季達（松筠之弟）先後來訪，各談半小時而去。四時後閱六組卅件，又審查報告件。實之來談。天翼來談。夜芷町來，理四組件六件。十二時寢。

2月15日　星期二　陰　五十五度

九時起。閱外交電十件，處理私人函件十餘件，核定五組審查書刊一件。約曾資生秘書來談工作，面交二十二年事略，囑其校閱（二十一年事略交陳秘書校閱之）。錢賓四君來辭行。午餐後小睡至三時起。驛運管理處長譚炳訓來談工作概況。閱第六組呈件一疊，共二十餘件。又閱關於對法越政策之簽件兩件。邵秘書好自表現，

微欠穩愜，殊嘆全才之難。力子先生介紹冷雋來談，語多牢騷，殆猶未免世俗功名得失之見也。黃仁霖來談，為代發電報兩件。夜續閱六組呈件一件，處理四組件五件，又代批四組呈表十餘件，十時後完畢。十一時卅分寢。

2月16日　星期三　陰晴　五十五度

九時起。知委座昨日已到桂林，料一、二日內可歸。準備各件，以備歸時報告焉。徐子青君來談農民銀行事及郵政儲蓄事。胡健中君來談浙省教育界情形及陪都社會問題。午刻接何總長電話，以二月十一日美軍總部轉來之羅總統電抄錄一份，送彼參考。午餐後繼續打針，今日止注射 N・H 六針。一時小睡至三時起。周佩箴先生來談，卅分鐘而去。向政院索閱普遍發動全國鄉鎮公益儲蓄辦法全文。五時劉攻芸秘書長來談四聯總處業務及平抑物價問題。閱第六組呈件卅件，費時一小時餘，以其中有數案極複雜也。夜梁寒操部長來談外國記者要求赴延安事。十時許始去。批閱四組公事及合作社人事件二件。與允默長談身世及工作困難。十二時卅分寢。

2月17日　星期四　陰晴　五十六度

九時起。考慮宣傳方面之對策，深覺機構未能改造認識、未能統一以前，實無積極推進之有效辦法。十時劉詠堯同志來訪。十一時復閱外交電多件。旋蕭化之來訪。十二時赴勝利大廈參與農行之宴會，與俞、顧兩次長及戴

司長談話，二時歸。思小睡，忽覺胃中作嘔，精神不暢，服Ipral 一丸後勉強睡去。五時醒，則精神異常煥發矣。與何總長通電話，又與桂林蕭秘書通話。傍晚盧作孚先生來談增強物資供應之意見。客去後，閱第六組呈件十九件。夜唐乃建、於平遠兩同志來談十日在南嶽召開會議之經過，約一小時餘始去。芷町今日來寓。閱四組呈件五件。與允默談話。至十一時始寢。

2月18日　星期五　晴　五十六度

八時卅分起。校閱新生活運動廣播詞稿，乃昨晚由蕭秘書以電話傳來者也。委座對前段有修改，即交複寫。與聖芬談話卅分鐘。十時佩箴、惜寸兩君來訪，談農民銀行事。佩公在中農服務多年，聞將調任交行常董，不勝悒悒。兩君去後，蕭青萍兄來談，卅分鐘而去。黃仁霖君來訪。午餐後小睡至二時即醒。二時卅分到九龍坡機場迎候委員長，至四時卅分始到。即至官邸往謁，交下新運廣播詞最後改定稿，約自誠來共同核改之。七時畢，晚餐，王新命君來共餐。閱六組呈件十餘件。孟海來談。自誠來談南嶽會議情形，檢呈要件四件，外交電十餘件。十二時寢。

2月19日　星期六　陰　五十五度

八時卅分起。九時佩箴先生來訪，以農行常董更調，表示感慨，欲余為之挽回，談三刻鐘而去。壽勉成兄

來訪，未與晤談。旋鐵公來談國際宣傳事甚久，真覺無善法以處之也。十時卅分往謁委座，報告兩週來重要事項，約卅分鐘而退。午餐後小睡未成眠，神思煩疲，而腦筋緊張，至二時卅分起。處理積件，並閱六組呈件二疊。許秘書不達事理，甚堪慨嘆。五時卅分委座約往談，交下陝省黨政人選名單二紙。七時卅分往范莊，訪孔副院長，詢其對陝省府人選之意見，並談農行諸事，表示不願就常董，願讓與佩箴，談一小時許歸。八時卅分晚餐後核閱四組呈件，異常費力，又辦發代電數件，寫簽呈二件。十二時卅分就寢。

2 月 20 日　星期日　晴　五十五度

八時四十五分起。閱外交電數件，並辦發簽呈兩件，改擬宣傳部呈件，核簽意見一件。明、樂兩兒來，未暇與談。皋兒來寓，亦僅匆匆一晤也。十時卅分委座約往談話，口授要旨，命起草對於某項問題之談話稿。蓋以中共對國外宣傳無所不至，西方人好奇，又不明白中國情形，頗有受其愚者，故欲詞以闢之。商談甚久，十二時始歸寓。午餐後小睡至三時許起。閱第六組審查件等十餘件。與吳次長國楨通電話，詢我訪問團是否已抵土耳其。四時卅分約梁寒操同志來談關於宣傳事。梁君氣勢甚盛，縱橫論議，至七時始去。晚餐後閱李白虹審查件，辦發函稿四件。十一時卅分就寢。

2月21日　星期一　陰　五十三度

八時卅分起。九時到國府參加紀念週，由熊秘書長報告中央設計局業務檢討，與本年度工作計劃。委座作結論，十時禮成。與何總長談話後回寓。閱批表（六組）七件，十一時董顯光君來談。因前週以事與梁部長相忤，表示消極，余以大義勉之，亘一小時始去。實之來，報告中常會已免滄波兼職矣。午餐後小睡至三時許起。中央黨部秘書鄒志奮君來談，以十一中全會報告之譯文交之。劉攻芸秘書長來談儲蓄額分配事。吳任滄君來談農行事，約四十分鐘。滄波亦來談，強顏勸慰之。客來太多，工作為之妨礙不少。傍晚又閱六組件兩疊。夜芷町來談，兩次接委座電話，辦函電各一件。十二時寢。

2月22日　星期二　陰　五十四度

八時卅分起。開始撰擬奉命起草為中共問題對外籍記者之聲明文件。屢成屢毀，不禁焦憤之至。我之腦力今已不可復用矣。梁均默送忠華稿件來，曾虛白送參考件來，復亂神思。午餐後本思不睡，恐精神不濟，勉強合眼一小時以上，三時起。乃正式開始撰寫，不計工拙，亦不問措辭合邏輯否，信筆寫去，自知荊棘甚多，不堪一讀也。鄒志奮同志來，攜示昨晚吳宅談話紀錄稿，略談而去。七時五十分到官邸，參加主任會報。今日第一組出席者五人，狄副秘書長、馬、張兩副部長均到，攻芸、芷町亦被邀陳述物價問題之意見。十時歸，

不思作事。十二時寢。

2月23日　星期三　陰　五十一度

九時許始起。取昨日下午所擬之件閱之，覺繁雜平
衍，竟不可用，然又無法改善，且暫置之，心甚不怡也。
十時接委座電話，命擬祝賀紅軍節之電，即起草呈核。
十一時卅分奉命往官邸，則電稿已核定，並由委座親書，
交魏文官長送蘇聯大使轉電。歸寓後與吳次長、梁部長通
電話。午餐後佩箴來訪，叔諒代見之。小睡未熟，三時許
始起。王德芳秘書來談（攜來王雪艇來電）。致熊天翼
函，並為胡適之請費事簽呈委座。吳秘書長以電話告，前
晚商談經過。傍晚閱六組呈件四疊，與六弟商量稿件事。
夜處理四組呈件十一件。與芷町談。十一時卅分寢。

2月24日　星期四　晴　五十七度

八時一刻起。九時委員長約往談話，林主任亦在
座。先指示外籍記者赴陝、晉、綏等地之準備辦法，繼又
垂詢文字。余即報告擬寫之意見概略，以為此等聲明宜簡
豁不宜繁冗。然委座又指示數點，且謂二十日上午所言之
意不可漏列也。退歸寓所後，約唐組長來談，囑其搜集材
料，並告以對中共問題現時之情形。十二時卅分午餐。允
默等今日參觀工礦產品展覽會，余未同往也。小睡僅約一
小時許。醒而甚疲。憐兒今日回校。四時約希聖兄來談，
彼方自貴陽省母歸來，與談中共問題甚久。傍晚閱六組件

一疊。思作文而心思散亂，終於擱筆。夜與芷町談話。自
誠來報告中政校事。十一時寢。

2月25日　星期五　陰　五十四度

八時起。為委座擬致祝主席紹周手啟電稿，勗以：

（一）寬平和易接近正士；

（二）率導屬僚沉著機密。

九時完畢，乃著手起草對外籍記者關於中共問題之
聲明，仍就星期二日之稿而大部更易之。自九時寫至二
時，只寫成六節，中輟午餐後，小睡至四時起。心中牽
掛此文，實未睡熟，只合眼養神而已。四時卅分後續寫
三節，七時卅分定稿。由此一文件之撰寫，可見余腦力
疲勞，或已不可用矣。閱六組件三疊，鄭洞國師長及驪
先兄來訪，均未晤。夜與芷町談，閱四組批表二十件。
十一時寢。

2月26日　星期六　晴　五十五度

八時五十分起。十時委座約往談話，對昨日呈上之
文件已有多處親筆改正，而以事繁意亂，所加者多屬不完
全之片段，一面並口頭指示，補充要點，實際上均為重複
前言，或則徒滋反駁之口實。余雖陳述理由，請先求簡潔
明白，然未能全蒙採納也。十一時歸寓，對稿茫然，提筆
而不能下，不禁慨息萬分。午餐後仍不得不小睡，二時起
後欲勉強動筆，終於不果。四時到軍委會，先與何總長談

話，繼乃參加聯席會報，主管者豁達疏脫，協助者又不切實，另星交談，乃達三小時以上。如此不重效率，不講實際，一切掉以輕心，何能開始宣傳戰乎。閱六組件、四組件。夜勉抑悲憤，將稿件改正之。十二時寢。

2月27日　星期日　晴　五十七度

八時卅分起。昨晚睡眠較佳，晨起精神亦較舒暢。且因文件已呈上，心境略寬。自十時起，取近來積疊之函件廿餘件處理之。祖望不明緩急輕重，使余諸事非親理不能放心。有若干文件，不如自己辦理反為直截，此余所以應接不暇也。午餐時學緯內姪來。午後辟塵來，與之略談片刻。至二時許乃小睡，起後又閱第六組文件二大疊，補閱外交電八十餘件。晚餐時芷町來談物價問題。餐畢處理四組件三件，委座交下改正稿，又兩次來電話。九時起為就原文再整理之。至十二時卅分畢。一時睡。

2月28日　星期一　晴　六十一度

九時起（昨晚眠睡亦暢）。已不及參加紀念週，國防委員會一三一次常會亦去函請假。以心思黏滯於文件，擬於上午騰出時間趕辦之。為節省時力，即就昨日原稿用紅筆摘要，然最後發覺可刪除之處太少，決不能刪節至一千五百字左右，心愈紛雜，下筆愈難，竟中綴焉。午後小睡一小時餘起。周部長惺甫來訪，談一小時許，大有請退之意，以所擬準備文件決難完成，囑叔諒託陶希聖君代

為之。詎知彼亦同樣感覺困難，至晚尚未送來，可見此件
之難作也。為精神動員紀念文字，發函二緘。閱六組、四
組件。夜滄波來談。十二時寢。

2月29日　星期二　六十二度　晴

　　九時起。昨晚睡亦尚佳，但多夢耳。九時卅分希聖
兄代擬之件由叔諒送來。共為兩件：一件為照原文摘要，
另一件則稍變更其次序與內容，余略閱一遍，覺每件均在
三千字左右，恐不合簡短之原意。十時朱經農教育長及胡
煥庸君來訪，為余談沙磁區譯訓班風潮事。又談中大之軍
訓弛懈，教職員不合作及文學院院長辭職各事。詞意瑣
碎，皆為學校當局應自己處理之事，久聽殊不可耐，以事
冗相告，朱君乃興辭焉。十一時三刻往謁委座，報告文告
撰寫緩慢之原因，又略述周部長請假，于院長赴蓉及中央
大學之近事，談約卅分鐘而歸。委座近日有喉痛，然仍照
常治事也。十二時卅分午餐，餐畢閱報後小睡，直至三時
卅分始醒，可謂善睡矣。閱六組件三疊，今日決心將文件
暫置之。傍晚魏文官長來訪，商印鑄局三廠工人生活維持
之事，談約四十分鐘始去。七時卅分方顯庭、陳岱孫兩君
來訪，八時與之同往官邸參加晚餐。今日吳、胡兩次長，
內政部張次長及二組參謀六人列席，羅家倫、梁寒操臨時
參加。餐畢已九時，由陳岱孫君講李嘉圖之經濟學說，時
間所限，惜未能多所闡明也。十時歸，約梁均默兄來談宣
傳事。十二時寢。

3月1日　星期三　陰　五十六度

九時起。未及赴國民月會。接委員長電話，囑以總報告譯文寄美，又命預備白母九十壽序。白母壽序即囑孟海撰擬，然總報告譯文細閱之似尚多不妥之處，以電話找鐵城先生，知正在參加紀念典禮，乃約顯光來談，將譯文面交，囑其打字。客去後，細思黨務及中共宣傳發展之前途及其與盟國之影響，憂心鬱結不可忍，午餐幾亦無心進食也。餐畢與希聖略談，知彼之見地與我相同耳。小睡至三時起。鐵城來談，詢其譯稿準備情形，則並未經哲生諸君改削。掉以輕心，非此之謂歟。李中寰君來談新檢局事，商先生不日赴美矣。閱六組件二疊。夜騮先來談組織部事甚久。孟海來商文字。與芷町處理四組件。十一時卅分寢。

3月2日　星期四　陰　五十七度

八時卅分起。為十一中全會報告譯文事，與吳秘書長及吳次長通電話，又與四弟討論三月十二日精神總動員紀念廣播問題大意，一面簽報委座，一面囑其撰寫初稿。今日精神尚佳，然未能將新聞發表之件細核修改，以心思散漫粗率，不可控制也。午餐後小睡竟至三時許始醒。從允默之勸，至安龍章醫師商鑲牙手續。四時到軍委會，參加會報，人多言龐，鮮有能深入用心者，至為可慨。七時卅分偕立夫同歸晚餐。久不與之晤談，今日與之暢談心曲，同覺殷憂百端。閱六組件兩疊，十時委座將報告書及

正文送下，為整理之。十二時寢。

3月3日　星期五　陰晴　六十一度

八時起。將昨晚委座親改之報告書原件交葉秘書實之送吳秘書長。另錄底二份，以一份寄董副部長。又以前所編開羅會議日誌及附件並為一夾，交祖望封入鐵箱之內。為報告書文件與鐵城、顯光通電話。十時鄧君直來訪，先由允默見之，嗣乃親與延晤，接談卅分鐘。余於此君甚有好感，去年在蓉常相過從，歸後每每憶之也。祖望來談蔣孝鎮被懲罰之事。旋蕭同茲君來訪，談中央通訊社派記者赴西北考察事。接黃山官邸電話，欲余即去午餐。匆匆收拾文件，至十一時一刻動身，途經海棠溪以上，田野菜花盛開矣。十二時一刻到達，十二時卅分晉見委座，以報告書之附註部分改正本交下，痛言黨內宣傳之不充實、無氣力，言之甚為憤鬱。觀其容態，殊悒悒不怡。既而約余外出散步十餘分鐘，在山下新舍小憩，與余所言多沉痛之語。一時後始回官邸午餐。餐罷略坐，殊覺無言可以慰藉之，乃辭別返堂。以有事待接洽，二時卅分匆匆下山。三時卅分到美專寓，小睡二小時許。神經紛亂不寧，實未入睡也。傍晚起，與六弟談話。今日未閱第六組件，至晚餐後始閱四組件四件。鄒志奮、曾虛白兩君來訪，旋鐵城先生來談。與鐵城談時，觀其態度，似亦為總裁殷憂所感動也。九時芷町來略談。致端木鑄秋一函，又呈委座一函。十二時寢。

3月4日　星期六　陰　六十度

八時起。將金組員謄改報告書附件詳加閱讀，加以標點，並發現其有未註明年月者。約中央黨部鄒志奮同志來，共同校對而填註之。十一時完畢，約吳次長國楨來談，即以此件面交，託其翻譯。吳君詳談其對此事宣傳之意見，余均具同感。午餐後服 Ipral 一丸，擬小睡以補足睡眠，然仍無效果，蓋精神興奮太甚，而腦力又極疲弱也。閱四組批表卅餘件，委座欲派余為央行監事，簽呈請辭，請仍保留徐寄廎君，以徐君在滬，守正不阿，可佩也。改定致中央研究院評議會訓詞。五時後將前日所擬之對記者聲明稿重加修改。八時卅分畢。閱四組件，十一時寢。

3月5日　星期日　晴　六十二度

八時卅分始起。昨晚睡眠甚佳，為此三、四日來所未有也。九時偕允默同至城內美豐大樓，訪安龍章醫師，請其重製假牙，下顎者一副，取胎兩副，約一小時完畢。十時卅分回寓，天時晴美和暢，精神亦尚舒適。閱第六組批表數件，又閱本日報紙，讀秦啟榮殉難事蹟，為之悲憤不置。將聲明稿複寫件校閱之。午餐後自誠來，攜來三月一日委座對中訓團畢業學員講話之紀錄，此為聖芬所整理，通順暢達，過於自誠之所為。略為修改，即歸還之。二時後小睡甚酣而多夢，至四時起。與六弟再商聲明文件稿。五時卅分天放來談，約一小時許始去。閱六組件兩

疊。夜新命來。與芷町處理四組之件。致顯光函。閱手諭
八件。十二時寢。

3月6日　星期一　晴　五十九度

八時卅分起。九時出席聯合紀念週，今日由戴院長
報告考試院工作，窮源溯委，其詞甚長，共報告一小時
卅分鐘。委座作結論，指示各機關（各院部）應特別尊
重考銓法令，認識制度規章與建國之關係。十一時始
畢，與志希兄等略談歸。閱函件數件，作函三緘。十二
時經農、肖堂二兄來，同至官邸參加參事會談。今日君
勘、舜生均參加，郭、張、陳及芃生先後報告，比散會
已三時矣。歸後仍小睡至四時卅分起。約許孝炎兄來
談，彼今日就中宣部職務也。熊天翼兄來談一小時。晚
餐畢，處理四組件十件。九時後張道藩兄來談。彼甫於
昨日歸渝，巡視滇、黔、桂已二閱月矣，所談甚長，
十二時卅分始去。一時寢。

3月7日　星期二　晴　五十九度

九時起。昨晚入睡太遲，故今晨又晏起也。閱報
後，復閱六組批表一疊。端木鑄秋昨晚送來「中央地方黨
政機關及國民全體加強管制經濟平抑物價綱要」，閱之覺
十分空洞而不合用，更不能包括於三月十二日廣播之內，
約芷町來商，亦以為然，乃簽明此意，呈委座核定。核改
致白母馬太夫人壽序稿，孟海所擬也。十二時卅分到官

邸，與西藏代表阿旺堅贊、羅桑札喜及其他代表二人，與
吳委員長、沈處長同餐。委座於餐前與彼等談話與以溫
慰，並以軍械作為答禮，使知中國能自造鎗械，不必乞靈
英國也。二時餐畢回寓，小睡至四時起。閱第六組呈件兩
疊。四時五十分往訪亮疇先生，商國防會以後開會程序。
天翼亦來談。六時回寓，七時卅分方顯庭來。八時到官邸
參加主任會報，方顯庭講戰後世界經濟建設。十時歸，
十一時寢。

3月8日　星期三　雨　五十四度

　　八時五十分起。核閱三月十二日委座對美發表紀念
詞（芷町擬初稿），以是日美國民眾委員會為總理舉行紀
念也。僅二百餘字之短稿，而需時在一小時半。近來腦力
之疲，無可比擬也。閱端木寄來及叔諒所擬之精神總動員
紀念廣播詞。十二時與芷町同至中央訓練團，參加黨政會
報。到黨部、團部同志約二十人，聽取團部各處報告。一
時卅分敘餐畢，歸寓小睡，約一小時餘，睡而未熟，醒時
甚疲。芷町、孟海來，酌定白母壽序稿。顯光來談，約三
刻鐘。旋乃建來談，約半小時。下午又匆匆過去。七時起
撰寫精神總動員紀念廣播詞。晚餐時中輟約一小時，九時
後續撰。筆意不暢，進行甚慢，至十時始畢。十二時寢。

3月9日　星期四　晴　五十七度

　　九時卅分起。睡尚未足也。取昨晚擬就之清繕件再

為校閱，酌改數段，仍不能滿意。此等文字，年年一度，真難得有新意可以發揮也。十一時送黃山呈閱。賀貴嚴先生來談，為其子託出洋事，談卅分鐘而去。閱董副部長送來之譯件，有甚不妥者。午餐後小睡，至三時廿分起。四時卅分往陝西街興文銀行訪李一平、趙公望、龔仲鈞三君，談滇省各事，六時始回寓。知委座明日約余與季陶去黃山，以電話預約之。傍晚閱六組件。接積泉來函。夜核閱四組件，並詳閱青年團十年計劃第一期呈件，甚費時力。十一時後就寢。

3月10日　星期五　陰、欲雨未下　五十二度

八時卅分起。發谷主席一電，致戴雨農（辦機票）一函，均為積泉事也。十時接委座電話，為弔唁黃克強夫人之喪事。又詢白母壽序，答以已送出。百忙中不忘禮節，乃其本性然也。上午閱顯光來件，又閱六組件一疊。午餐後未及午睡。力子先生來談久之。三時到夫子池新運會堂參加澤永甥婚禮，賀客到者約百餘人。四時回寓，偕戴君季陶過江赴黃山，應委座之約也。既至，先到余室小坐，既而官邸副官約談，乃同至官邸，談卅分鐘而出。委座囑戴君移寓新草房子，余亦移住焉。八時委座來晚餐，餐畢談戰後世界形勢。十時委座去，余與戴君續談一小時。修改廣播詞。一時始寢。

3月11日　星期六　陰　五十一度

晨醒已八時，戴君早動身矣。余不欲遽起，至九時許始起床。早餐畢，委座約往談。退至己室，自誠來談，為核閱對中訓團學員講詞，意不善其措詞，然不能不存其真也。委座將廣播稿修改發下，再為整理，即交繕寫，十一時畢。山舍清靜，甚樂之。十二時孫哲生院長奉約來山，余陪之小坐。既即到官邸，談對蘇外交等各事。午餐已二時。餐畢，送其下山，其時委座又將廣播稿發下，竟將原文中段完全抽去，而以五年前頒發之綱領嵌入之。意在喚起各方注意，然文氣夾雜甚矣。小睡未熟，五時許自誠等將稿抄就，為略閱之，不暇詳改也。即與省吾、寶慈下山。閱六組件兩厚疊，吳國楨兄來談，送來譯稿。夜解決四組件一件，又處理五件。十二時寢。

3月12日　星期日　晴　六十二度

早晨倦甚，九時始起。乃不及參加紀念典禮矣。閱第六組呈件一疊。十時卅分沈宗濂兄來談，為致函介謁何總長。沈君不日即將赴藏，甚惜失此好同事，不能長此繼續工作也。十一時卅分到官邸陪客，與翁詠霓兄談甚久。今日委座約請中央研究院評議會諸君午餐，十二時四十五分始到齊，一時進餐，二時歸寓。思小睡以補足睡眠，乃心思煩亂，竟不能睡。傍晚處理四組件四件。澤宏甥自桂林來渝。夜與芷町談。核呈希聖之報告，並處理公私函件四十餘件。十二時寢。

3月13日　星期一　晴、下午雨　六十度

八時卅分起。九時到國民政府參加紀念週。何總長報告軍事與軍政，約一小時完畢。總裁訓詞，以厲行精神總動員勗勉黨政軍同志。十時卅分舉行國防會一三二次常會，委座親自主席，軍事、外交報告均從省略，議決要案十件、例案七件，至十二時卅分完畢。續閱盛世才督辦來電（寅真），知新疆境內竟有飾蘇聯標幟之飛機，在我清剿哈區之指揮部上空掃射投彈，盛督辦已來三電，而今日之電尤為憤慨。閱後即送六組併案呈閱。一時午餐後，與希聖研究此事。二時後午睡未熟，思緒繁亂，屢屢驚醒。四時起，李中襄同志來談。委座約往談，面示吳次長國楨，以新疆案件囑向蘇大使提出質詢，並囑與亮疇先生商之。余出至六組一轉，往訪孫哲生院長，談卅分而歸。晚餐後道藩兄來談何仙槎事。處理六組要件及四組發文，十時後核閱孫院長廣播原文。十一時洗澡後寢。

3月14日　星期二　雨　五十八度

七時卅分起。昨晚竟未熟睡，晨起精神疲乏委頓，將孫院長廣播詞改譯後，於十一時繕就送呈親閱。奉改定三、四語，余力請可以發表，委座亦無他言。十一時卅分退，午餐後乃接電話，謂經再四研究，此件以不發表為宜。小睡至四時，雖服少量鎮定劑，而心煩異常，竟不能入睡。起草覆盛世才電稿一則，六時送呈之。又閱六組等要件數則，核定希聖所擬對林祖涵來渝之研究意見。今晚

吳宅有會議，余不能去，託希聖代表焉。七時卅分梁實秋
君來談。八時到官邸出席主任會餐，到財政、經濟兩部次
長及來賓徐子青。四組由陳、李、沙、葉、周、夏五人出
席。梁實秋君報告歐洲文藝復興史，自八時四十分起至十
時許完畢。歸寓後閱要件三件。芷町來談。十一時寢。

3月15日　星期三　晴　六十二度

　　八時卅分起。昨晚睡眠酣暢，今晨精神充沛，心思
亦較寧定，與前數日不同矣。核閱希聖兄所擬意見，深覺
林祖涵來渝政治解決之方案似有預籌必要。十時卅分吳任
滄兄來談農行事，竭力安慰之。十一時卅分往謁委座，報
告對中共宣傳各件，並請注意預籌，談二十分鐘退出。
十二時卅分午餐，餐畢與希聖商談。小睡甚熟，二時卅分
起。張伯常主任來訪，四時出席官邸特別小組會議，討論
國際宣傳事。六時散會，至四組一轉，又至林主任處商量
明日會議及準備材料之任務分配，七時歸寓。與岳軍主席
通電話，談成都情形。晚餐後閱四組件兩件，又閱六組件
一疊、批表三件，擬致學素電。十一時就寢。

3月16日　星期四　晴　六十四度

　　八時卅分起。昨晚睡眠亦尚佳，閱六組呈件一疊
後，正思清理積件，乃十時許即奉委座電話約談，前往官
邸，承詢對某事（對抗中共向外宣傳事）接洽情形，不得
不將各機關散漫無主及中宣部毫不負責之狀況詳陳。嗣奉

交下手示一疊，命擬宣傳綱要與辦法，並指示對外記者考
察事項之措置。又交下關於新疆問題之吳特派員電一件。
出至六組，與唐組長面為商洽。歸寓後寫致胡宗南一電。
蕭自誠攜昨日小組會議之紀錄來，為核改之，即囑呈閱。
研究宣傳綱要之撰寫，心緒棼如亂絲，一日餘之胸次甫就
清朗，又似烏雲籠罩矣。約希聖來談，囑其準備代擬一
份。下午小睡未熟，二時卅分起。奉交下改正件，即交改
稿。四時出席軍委會會報，見各機關散漫狀況，至為不
怡。七時歸寓，大發脾氣。芷町勸我不可消極。旋處理四
組件十件，校閱改正之件。十一時卅分寢。

3月17日　星期五　晴　六十三度

　　八時卅分起。閱六組批件二疊。呼匠理髮，似覺頭
部為之輕爽。十時希聖送來其所擬之宣傳綱要，閱之覺不
免凌亂，欲為之修改，又無此力量。十一時鄒志奮君來，
囑其確查綏德等縣被佔之時間，略談而去。午餐後與希聖
談話。一時後小睡，直至三時始起，睡眠已足矣。而心頭
終若有重壓也者，誠無可如何也。何仙槎兄來訪，談魯省
之事，一小時許始去。旋鄒志奮又來，謂囑查之事已查
明，確為二十九年四月（初核為二十八年），然則初稿之
粗忽可知也。傍晚許孝炎君來談中國記者出發西北事，約
卅分鐘。晚餐後芷町來。旋張厲生兄來談物價問題等，余
心中有事，聽之甚不耐煩。十時將聲明稿、總報告及附件
檢校畢，請顯光來面交之。十一時卅分寢。

3月18日 星期六 陰 五十七度

八時卅分起。閱昨日希聖所撰之綱要，似覺有應補充之處，而手邊無確切材料，只為大體上增刪若干語句，至十一時完畢。希聖好學深思之士，近來亦疲鈍拘滯，毫無明快犀利之概，甚矣，公職之能斲喪人才也。約徐可均君來談，以手諭件交之，請彼就其中兩點搜集材料，摘要敘列，並與談商此後特種宣傳之進行辦法。乃彼意極冷淡，僅謂義無容辭，而人實難覓。繼續訴說其局內工作之痛苦，余殊為之廢然長嘆矣。一時午餐後，小睡未熟，神經緊張，不得安寧。如此情形蓋已四、五十日於茲矣。三時起，覺體溫降低，手足發冷，亦神經性之病態耳。為青年團題字一幀。閱六組批件、四組批件各一疊。五時薩孟武君來談，卅分鐘而去。委座手諭，以後星二會報約中大教員出席。夜處理四組公事十二件，皆極複雜。十一時卅分寢。

3月19日 星期日 晴 六十二度

十時始起。昨夜雖服藥，而睡眠仍極不佳也。十時卅分偕允默同至美豐大樓，訪安龍章醫師，試配假牙。不料於重試模型時，橡膠熱度太高，致牙床為之受燙發炎。十一時卅分歸，以碘酒塗之略癒。今日祖望、叔諒、叔兌皆外出，午餐時止二人。餐畢小睡，竟未能入睡。神經疲勞虛弱已極。處理公私函件十餘件，閱第六組批表一疊，第四組呈件及發文各四、五件。接委座電話，下星期主任

會報改至星期五舉行。傍晚徐景薇君來談。聞文伯已回
渝，擬往訪之，值其休息未果。傍晚無事，取大哥之遺詩
抄寫之。夜九時往見委座，報告病狀，請假五天，奉諭許
可。十時歸，文伯兄來長談，直至十一時卅分始去。服藥
後就寢。

3月20日　星期一　晴　六十六度

今日已奉准假休息，故紀念週亦請假未參加，睡至
十一時卅分始起，乃感睡眠充足矣。閱報載緬境戰事我軍
作戰，甚獲盟軍之讚佩，惟有此等新生力量，可資樂觀
也。向午自誠來談，為委座代擬致稚暉先生祝壽書，即交
自誠攜去。午餐後不復睡，雜閱書報自遣。得滄波書，論
新聞檢查事。新華日報有「甲申三百年」文字，竟欲煽惑
暴動，此等文乃不扣禁，實新檢所之失職也。二時卅分王
雲五、杭立武兩君來談，述在英見聞及近東各國之觀感，
約一小時去。六時許與默至復興關散步，一小時餘而歸。
閱六組呈件及發文各一疊，四組呈件一疊。得岳軍先生來
函。夜十一時就寢。

3月21日　星期二　陰雨　六十五度

晨九時三刻始起。不能早起者已多日矣，何日自
強，革此惡習乎。午前有翁率平君來談，只得以病辭焉。
閱六組呈件及發文各一疊，至午始完。向午心緒漸惡，餐
畢請陳醫官來診牙腫。小睡未熟，起而力子先生來談，頗

多相忤之意，不便駁詰，只得將呈件收下。三時赴育德齋
參加政校校務委員會，不料季陶乘此，宣讀其體制通則之
論文，達二小時許。其文亦佳，而耗時甚矣。五時後始議
中政校之事，約一小時餘完畢。六時卅分歸，乃不及去散
步。楊玉清兄來，望弟代見之。夜芷町來，理四組件三
件。乃建來長談。實弟亦來談。為九妹作介函，明日赴蓉
矣。十一時滄波來慰疾。作函九緘。十二時寢。

3月22日　星期三　雨　六十度

九時卅分起。在報端讀稚公之謝壽啟（今日為其八十
生辰），此老胸中自有境界，黨內老輩最可敬佩者當推此
君矣。十時到中央黨部參加簽名祝壽，以表敬意。遇道
藩、毅甫，未及與談，遂歸。十一時送九妹行，留函一
緘，致希聖。又致王冠青君一函。午餐後偕允默挈細、憐
兩兒歸，擬到老鷹岩休息三天。先送細兒等回校，二時
五十分到達山寓。較重慶為冷。四時後就床小憩，至六時
許始起。牙床發炎未癒，近三日只能食稀飯。飯後與旦文
姨氏及允默等談家常。十一時後就寢。

3月23日　星期四　陰、寒甚　五十八度

早晨無事，酣睡直至十一時許始起。牙床發炎未
癒，然精神較清爽矣。服羊乳一杯，亦頗甘之。午餐服雞
汁和稀飯食之。餐畢不思睡，閱大哥六十以前詩稿及附
錄，此皆經其手自刪定者，明玗姪孫女所抄，略有錯字，

為校閱一過，如溫舊書，如再承言笑。然四十年來自己學
術無長進，昔時所不甚解者，至今日仍懵懵爾。皋兒來
家，為我診視牙炎之疾。去後，仍將大哥遺詩讀完之。傍
晚與允默外出散步一小時，過林故主席墓。夜無事閒談。
十一時就寢。

3月24日　星期五　陰　五十七度

　　九時五十分起。牙床炎腫未消，但睡眠已足，心緒
較寧謐矣。允默往歌樂山訪士遠師母，至亭午始歸。余一
人獨處無聊，取樹人詩集讀之。午餐時食稀飯，佐以香椿
與薺菜，不能咀嚼，僅以右上齒嚙搾之。亦頗有香味也。
午餐後不思睡。為蕭自誠校閱譯件斯末資將軍演說詞，覺
其譯文尚流暢，惜有改竄原意之處耳。整理皮篋中各件，
至四時完畢。又閱奮鬥叢書「共產國際解散與中共」一小
冊。六時偕允默出外散步，循新馬路而歸。錫鬯侄來訪，
未與詳談。夜十時卅分寢。

3月25日　星期六　陰、下午晴　六十二度

　　九時卅分起。今日牙腫處似更擴大，清晨為之痛
醒。旋復再睡，至起床時視之，則較前為劇矣。念重慶有
事，不得不銷假。十一時由老鷹岩返美專街，延吳醫官來
診，授余以黃色藥片含之，亦無甚效果。午餐後閱四組呈
件五件、批表十四件。又閱鄭彥棻君所擬告青年書之初
稿，覺其文字與結構均平常，且略嫌冗長。二時後就床小

睡，至四時起。四弟來談久之。六時芷町來談。今日四組
無要件，惟孔副院長請簽訂英國五千萬鎊借款及租借協定
案較重要耳。七時晚餐，四、五組同人餞宗濂兄行，同往
酬酢。十時宗濂去。三兒來談。十二時寢。

3月26日　星期日　陰　六十二度

　　九時卅分起。牙床腫潰之處更見曼延，皋兒來視，
為取去敗皮一塊，約五分許，然其下仍非新肉乃腐肉也。
如此牽延，洵出意料之外矣。十時卅分委員長電話詢病
狀，十一時往謁之。談告青年書、對中共總報告件、譯文
及學潮等各事，約卅分鐘辭出。吳醫官亦來余寓，並囑其
診治，亦無好方法，奈何。午餐後接電話，為告青年書
事。閱四組來件四件、六組批表六件。二時小睡至四時
起。立夫兄來長談，一小時餘去。接委座手諭，告青年書
須重寫。余實有病，乃囑叔諒起初稿焉。六時卅分乃建來
商覆史迪威二月廿八日備忘錄件。夜與芷町續商。十一時
卅分寢。

3月27日　星期一　陰　六十二度

　　八時卅分起。擬答覆史迪威二月廿八日備忘錄之改
正意見。寫成三紙，意猶未盡，送請乃建兄斟酌之。叔諒
改擬之文，實太難著筆，故上午仍未完成。十一時以車接
安龍章醫師來診視牙疾，彼亦無新藥可用，其實此事完全
由彼疏忽所致也。中午叔諒以所擬之告青年書初稿一部分

送來，閱之覺粗率枯窘，且疵類甚多。午餐後為稍稍刪潤之，然主旨既訛，絕難補救。三時後再送來末二張，草草一閱，即付繕寫。私意以為此文不如不發為佳。四時卅分唯果來談（訪英團諸君今日中午歸）。知其患極深之神經病，勸其休息焉。夜送呈文告後，未作他事。十時卅分寢。

3月28日　星期二　陰　六十二度

八時起。盥洗畢後，略進早餐，將牙患處洗滌。九時委座送來手諭，仍命改撰告青年書，並條示要旨。以時間已促，九時十五分即著手撰寫。叔諒助余搜集材料，進行甚順利，至十一時許已大半寫成。委座又送來手諭四紙，即為納入於結論之內。至十二時卅分完稿。略進午餐後，小睡至四時起。吳醫官再來診，今日腫潰之勢似已停止，不再擴大矣。唯果來談。半小時去。傍晚委座改下文稿，再整理之。七時張文白兄來談。六時卅分王雪艇兄來談在英美之見聞，八時始去。晚餐後芷町來談。處理四組件八件，閱六組批表兩疊。十一時卅分寢。

3月29日　星期三　陰　六十度

八時卅分起。昨晚睡眠尚佳，上午覺牙患亦稍平復，但攬鏡視之，則現腐白色之部分仍極寬也。今日革命紀念及青年團幹事會議，只得請假不出席。在寓處理公私函札若干件，又函慰唯果之病。午餐時接委座諭示，對於

各報對英論調有所糾正，告以應不亢不卑，勿過著痕跡。午餐後仍小睡一小時餘。招竺副官來，囑咐事務。三時卅分唯果夫人來問疾，並攜來自美國購得之藥物三種，皆李君所代購者。四時後因欲將總報告譯文呈上，故對中央黨部之油印本為之從頭一一點閱之。油印模糊，為之填改，異常費力。七時卅分自誠來談青年團今日開會情形，幸未被舉為主席團，否則亦不能扶病出席也。八時卅分油印本改就，並譯件呈閱。閱本室西文書目錄。十一時寢。

3 月 30 日　星期四　陰晴　六十三度

八時三刻起。致黃少谷、王芸生各一函，告以社論應注意事項。六組送來「政治解決辦法草案」及談話稿，閱之覺甚草率，意欲另簽，亦苦無從容之時間。就乃建所簽，酌為修改之。十時卅分俞國華兄來談出國預算等事，擬將廿六──卅年檔卷送毛秘書。卅一、卅二兩年交周宏濤保管，余以為可也，遂轉呈焉。今日開始第二次注射N·H針，午餐後方睡，而委座於一時卅分以電話見召，授余總報告等再修改之件，歸交叔諒照樣繕錄。威博適在我寓，約之來談，卅分鐘而去。至是稍倦，乃入寢一小時。今日軍委會特種會報遂不參加焉。閱六組送來呈件三件，皆何總長所送者，為閱呈之。五時吳次長國楨來談今日記者談話會情形。致虛白函，令扣登新疆消息。夜親譯英王及邱相覆函，並閱四組件。十一時卅分寢。

3月31日　星期五　晴　六十六度

　　九時始起。閱第六組呈件一疊。接顧少川大使函，附小冊二種，皆論英國外交政策者。十時卅分約國際宣傳處曾處長虛白來談，以總報告等再修改之件當面交付之。並告以委座所欲改易之次第。時適蕭勃副武官來訪，以事辭焉。十一時卅分到曾家岩，答訪蔣經國兄，談侍從室所能協助委座之限度，並貢獻如何使委座節勞之意見。十二時卅分歸，略進午餐，一時後仍小睡片刻。祖望來，接洽主任室應批辦之文件，即處理之。孫兆梅君來談，以委座昨下手諭，對明儒學案與宋元學案摘抄之類目，有指示增加也。傍晚續閱六組件一疊，四、六組批表各一疊。夜無事，閱思想與時代雜誌。十一時寢。

4月1日　星期六　晴　六十七度

今日為國民月會，以牙患未癒，請假未出席。八時卅分起，閱各報，知日蘇妥協更具體化，多年不決之「北薩哈連島油礦租借權移轉」交涉，照一九二五年規定之日蘇協定，日本享有此項租借權四十五年，應至一九七〇年始終止者，今已於三月卅日由雙方簽立議定書五條，日本將租借區一切權益悉移轉於蘇聯。此在蘇聯可躊躇滿志矣。而同時又將一九二八年之漁約，訂立延期五年的議定書，此在已往數年間皆為每次延期一年者，今亦有較永久性而較具體之規定。蘇日兩國間久懸不決之兩案同時解決，此在我國抗戰局勢上，實為國際形勢一大變化也。午前本室學術講演約王雲五先生講訪英、訪土之觀感。十時後處理文件數件，致允默一函，告以身體近況。午餐後小睡起，俞國華兄來談，又陪同孫義宣君來見，覺其舉止儀表頗不俗。此人為琴風先生之孫，將邀之入本室為周宏濤之助也。委座約往談，蘇聯對飛機侵入新疆事已有覆文，措詞極狡悍云云。促轉催外部即擬覆稿。委員長今日咳嗽頗劇，仍治事如常，其憂勤至矣。回寓後與吳次長等通電話，約希聖來談。傍晚唯果來談。晚餐後與芷町處理四組公事，僅攜來四、五件而已。立夫兄來談湘大風潮事。十一時寢。

4月2日　星期日　雨　六十二度

八時卅分。天氣驟寒，加衣厚絨衫，乃覺稍暖。閱

六組批表一疊，又呈件二疊。接九妹函，知赴蓉途中，被狗齧，幸尚輕微，近日正在注射預防云。午刻約兒、積迨兩姪來寓。余今日雖無要事，而心緒極煩亂。十二時曾虛白處長來訪，以改正譯稿送來。午餐後熊醫官來為我打針，小睡僅十餘分鐘即醒。煩憂無端，不能自止，亟起覓四弟、六弟談話。午後與吳次長兩次通電話，以蘇聯飛機侵略新疆後，竟誣我軍越境掃射云云，外部正擬覆牒也。夜實之來談甚久。十時芷町來談救濟物價事。十一時卅分就寢。

4月3日　星期一　晴、陰　六十四度

八時起。塔斯社自莫斯科公布消息，誣我剿匪軍隊入外蒙掃射難民，昨晚檢扣未發表。八時卅分往官邸，向委座報告此事，適委座傷風未癒，囑十二時再往。十時卅分往中央常會，列席旁聽，並與許孝炎副部長商洽應付。十二時與宋外長同至官邸，報告後，委座指示宋部長，準備必要文件。又指示宋以下午接見蘇大使面遞覆牒。此事將為蘇聯謀我之開端，我方之艱難更甚矣。十二時卅分歸，與雪艇、國楨諸君通電話。午餐後小睡僅三十分鐘即起。與力子先生通電話，轉告委座之言，囑其發言慎重。約希聖來談。四時卅分約梁均默同往外交部，知外交部奉命撰擬之新聞已脫稿，即與子文、雪艇二人攜稿同謁委座。雪艇意，我方此時在極端忍耐以待羅總統之覆電。委座則謂不發表消息，則政府無立場，因命余再擬一新聞

稿，遂同至外交部，與子文、雪艇、國楨諸君商酌，改擬
新聞稿甲、乙、丙三種。八時再至官邸商討許久，委座初
力主用乙稿，繼決定用丙稿先登。九時卅分歸寓，疲甚。
今日泉兒自蘭州來，夜與談話久之。十一時卅分寢。

4月4日　星期二　晴　六十五度

　　八時卅分起。昨晚雖服藥，而仍患高度之失眠。二
時入睡，四時半即醒，思慮如潮，不可自止。七時卅分後
始復朦朧入睡，然以氣候晴朗，起床時尚不感如何疲倦。
上午閱各報及參考消息與廣播稿。日軍侵印，仍未被擊
退，此路想敵寇將猛攻也。天放兄來談，約四十分鐘而
去。午餐後打針，小睡亦竟未合眼。自維神經脆弱至此，
甚為可憂。下午核付上月日用賬共付八千餘元，支出日
增，私人經濟亦至可慮耳。又核付本處報銷冊，汪荻浪兒
來談職業介紹所（邊疆人員）事。客去後閱六組呈件兩
疊，又核發文一件。傍晚細、憐兩兒來寓。夜與希聖談新
疆事。芷町來，處理四組件五件。與諸兒談話。十一時卅
分寢。

4月5日　星期三　晴　七十二度

　　八時卅分起。昨晚睡足五小時，至六時許而醒，然
不欲遽起也。九時往南開中學（與迨、約兩姪同往），代
表委座祝張伯苓先生七十壽辰，祝其多福多壽，為國家多
多培育後起人才。何總長、翁部長等亦均在場祝壽，稍留

二、三十分鐘即回。蔣夢麟君來訪，談美軍情緒及在昆明
之見聞，約一小時始去。徐可均君偕鄭延卓、萬大鋐兩君
來訪，談特種宣傳，亦約一小時而去。往見委座，談十分
鐘而歸。決定下午宣傳會議對外記者詢問新疆問題時概不
予答覆。通知許孝炎君轉告梁部長。十二時卅分老友程遠
帆來訪。一時午餐，並打針（今日打滿六針）。午睡仍不
成眠。二時一刻起，天氣驟熱，心神不能寧定。四時後閱
可均送來文件，又閱六組件二疊，閱外交電二百餘件，又
閱憲政宣傳指導會之指示件，直至六時卅分始稍息。接中
央社參考消息，即為抄呈。夜與希、芷談話，處理四組
件。十二時寢。

4月6日　星期四　晴　七十四度

八時卅分起。連日清晨均早醒，甚以為苦，蓋睡眠
時間實不足也。九時委座電話約談，詢以對四日路透電評
論北疆事件之意見及一般時局之觀感，以研究所得及其他
見聞詳陳之。余以為我國作戰確已到達最艱難時間，內外
局勢已開嚴重之端倪：

（一）物價騰貴，經濟狂亂，一方面民眾將以為政府
　　　無管制能力，一方面公務人員之私人生活確亦
　　　不能維持；

（二）英美在政略上、戰略上顯有歧趨之跡象，在歐
　　　洲無甚進展，在緬印作戰亦不能配合，設或敵
　　　軍在印境某地點得站住足跟，則我國社會人心

將更波動;

（三）蘇聯咄咄相逼，用意險惡，對我絕非善意;

（四）敵軍集中各線，顯將發動攻勢;

（五）共黨必乘機思逞，不僅有軍事異動可能，且必
　　　將煽動社會擴大聲勢;

（六）在此期間，英美輿論對我日益惡化，甚難以口
　　　舌挽回;

（七）內部空虛散漫，設或再有艱難，勢必互相詬
　　　責，無論文武，其慷慨赴難之心，似均未能一
　　　致，逆料來日大難，請委座務必節省時間精
　　　力，減少不必要之會議等，以期集中精力應付
　　　軍事與外交。

委座聞而動容，似有採納之意。談一小時許而回。
熊哲民次長來訪，談陝西省政。客去後兵役署送來第五屆
兵役會議訓詞稿，冗長凌亂，且涉及具體業務，細閱二
次，覺不可用，擬明晨簽明委座決定之。午餐後假寐二小
時許，仍未能入睡。近日精神興奮，直無法自制矣。三時
卅分中正大學校長蕭叔玉（蘧）來談，四十分鐘而去。與
六弟等談話。閱第六組呈件兩疊。晚餐後閱四組呈件四
件。天氣轉涼，精神較舒爽（傍晚訪亮疇先生，商特種文
件以國防會秘書廳名義印刷）。夜與泉兒詳談家事。十一
時寢。

4月7日　星期五　晴、陰　七十度

八時卅分起。昨晚有雨，今晨氣候較涼，余仍於清晨六時後即醒，強睡以補足之。九時十五分往謁委員長，報告中央社駐英美特派員之電訊，並談及孫院長講演民主政治等事。關於中共問題之文件，經委座決定先印二百冊。十時歸寓，略閱各種文件畢，十時卅分約曾虛白君來談，以譯稿交還之，並與談國際宣傳方面之種種問題，約一小時後始別去。午餐後小睡約一小時許，今日精神漸趨正常。閱書二十餘頁。閱六組批表及呈件，又閱四組批表，即交還速辦。傍晚孟海來談。夜滄波、宗濂諸君來談。十一時卅分寢。

修省雜記

錄自黃岩柯君之著作

△ 天下無苦境，亦無逆境，問其人能否順受，能否利用。

△ 病從勞來，則縱以逸；病從逸來，則故使勞；病從悲來，則慰以快（余以為病從憂生，宜養以寬）；病從靜得，則處以鬧；病從鬧發，則處以靜（余以為病從閒得，宜藥以事。即空虛、寂寞，而仍放心不下繁思雜慮，則無論看書、作文、訪友，乃至寫信，均可使此心有所寄託而凝聚）。

△ 人生之所以不能無疾病者，一由於醉夢富貴心，二由於怕老病死心，三由於荒嬉貪嗔心。（余於

一、二兩者庶幾可免，惟名心太切，執著太過，
要好之心太強，而力不足以副所願，則戒之應在
貪嗔心。）

△ 最能透明事理處，在每天黎明兩小時。

△ 四時花木，四時風景，四時食物，以及人生過
程，皆造化所以賜人日新情趣，能領略之，都為
樂境。

4月8日　星期六　晴　六十七度

八時即起。研究新聞檢查局送來扣登之新華日報五
日社論，參酌六組情報，寫成意見一紙。希聖以風濕痛請
假，未及與商榷也。處理公私函件二十餘件。曾虛白君送
來總報告譯文及附件，譯文以中文本改正本一併送何總長
察閱。向午，蕭同茲兄來談一小時許而去。午餐後小睡
起，忽覺畏冷，疑有寒熱，繼詢六弟、望弟亦然，則為氣
候轉變歟。黃少谷君來訪，談掃蕩報之近狀。季陸、經農
兩君先後來訪，余均無暇與之接談。覆鄭忠華信。四時卅
分閱六組批件及呈件各一疊。呼匠來理髮，明後日恐將驟
熱矣。傍晚覺心緒又繁，小睡以養心。六時卅分芷町來。
晚餐時童藻孫君來。夜處理四組件。與立夫通電話。十二
時寢。

4月9日　星期日　雨陰　六十三度

八時起。皋兒已來寓，與兄弟敘話。余盥洗畢後，

亦往與談。久不與三兒共敘一室，倍增骨肉之愛。與泉兒
談及其與王世璽女士之婚事，泉兒主張於出國以前成婚。
時間倉促，籌備不易，擬令參加集團結婚，先以電話約允
默來商。十時到委座處，承垂詢對時局之看法，並諭轉告
梁部長事。今日暢述所見，約面對卅餘分鐘而歸。齒牙已
痊癒，精神為之一爽。午餐後作函三緘。一時遣泉兒以車
迓允默來寓。作致王中惠君一書，三時命泉兒往訪，徵詢
參加集團結婚之意見。四時陳部長立夫、顧次長一樵來談
湘大學潮及譯訓班等各事，約一小時餘而去。閱六組呈件
一疊、批表一件。夜與芷町、乃建兩組長談話。閱四組件
及外交電十件。十一時寢。

4月10日　星期一　陰　六十四度

八時起。閱中央日報，甚注意曼尼坡區之戰事。與
梁均默通電話，傳委座諭示：外籍記者西北之行，應聽中
央決定，不得任其隨便。九時出席紀念週，由雪艇報告訪
英觀感。二時參加國防會第一三四次常會，聽軍事報告
畢，議案甚簡單，僅四件而已。十一時會畢，與何總長
談卅分鐘。約雪艇到寓，談憲政會參政會報事，約一小
時。三時卅分午餐，餐畢商泉兒婚事之準備（定本月廿三
日）。二時後午睡，三時起。往安龍章醫師處裝置新做之
義齒。五時歸，閱六組呈件一疊、批表一件。與四弟、六
弟、望弟等談話。夜八時卅分於組長平遠來談戰局及西北
局勢。九時卅分委座約往談話，命研究赫爾國務卿演說之

外交政策。歸與芷町略談。十二時同茲、博生來，對照赫爾演詞語文，一時完畢。一時卅分寢。

4月11日　星期二　陰　六十四度

八時起。與家人談籌備積泉之婚事。九時卅分閱報紙評論，赫爾演說，中央、大公兩報均不弱。十時委座約往談，詢赫爾演詞原文兩稿之同異，並研究其對我國之意義。退至余秘書處一轉，並向中央社取英文原稿，對比閱讀。另節譯「刪除」約二、三句之原文。十二時親往官邸報告。回寓午餐，餐畢，起草覆羅總統電。一時後午睡，至三時許起。閱六組呈件兩疊、批件一疊。四時卅分參加官邸會談，到何、白、孔、宋、張文白及雪艇、伯聰、蔚文、次辰等，交換對赫爾演講之研究意見，並檢討蘇聯對蒙、疆問題之可能發展。又談國際宣傳等問題。六時卅分散。與子文、雪艇商酌電稿，七時一刻歸。代批四組件四件。晚餐後修改電稿送呈。九時芷町來談。十一時卅分寢。

4月12日　星期三　陰　六十四度

八時十五分起。約望弟與允默共商積泉之婚禮，仍決定以中美文化協會為行禮地點。十時吳秘書來談十二中全會事。十一時卅分楊朴園局長來談譯訓班之事。十二時往謁委座，奉交下覆羅總統之電稿，即送宋部長翻譯。午餐後一時小睡未入眠。三時起。四時委座往中央廣播電台

灌片，約往談，口授要旨，命擬談話稿。宋部長送來譯文，委座略有修改。往見蔣夫人商定之。小坐而歸。聞美副總統華萊士將來華，請示後代電宋部長，酌擬歡迎之表示。又為哲生發表文字事，奉諭致鐵城一函，並覆公展。五時與國楨通電話，得悉新聞會議情形，以電話報告委座。傍晚鄭西谷廳長來談。益弟來，未暇與談，殊耿耿也。夜處理四組件五件，代批三十餘件。又閱六組件。均默來談一小時餘。整理特種文件。十二時寢。

4月13日　星期四　雨　六十度

八時起。閱報及參考消息後，約乃建來談。以委座批件及致鄭忠華信面交之，即囑其轉遞軍委會。十一時委座約往談，報告昨晚與梁部長談話情形，並請示下午開會之件，談十五分鐘歸。順道訪張文白兄，請其為泉兒證婚。小坐約卅分鐘歸。午餐，與希聖談宣傳業務及預擬談話稿之要點。二時小睡，三時即醒。閱六組件，發函兩緘。四時到軍委會參加會報，至七時十五分畢。歸寓後與委座通電話，接洽中央社稿件。八時晚餐，處理四組件。公展來談甚久。十一時卅分寢。

4月14日　星期五　雨　五十八度

九時卅分起。閱報及參考消息等件。今日心緒略感煩亂，但精神尚好。處理私人函件三件。魏伯聰大使來，長談對美宣傳改善之必要，約一小時而去。十二時往謁委

座，報告各事。奉交下何總長所呈政治解決案核定之件及存備發表之談話稿。歸寓午餐畢，辦簽呈二件，補充四組經濟秘書、五組黨義秘書事。一時卅分往訪孫院長，談四十分鐘歸。約乃建來，以擬定何總長呈件面交之。並囑轉飭保護注意蘇大使之行動安全。閱六組呈件批表及四組呈件十件，核定發文二件。傍晚實之來談。旋宗濂來辭行。委座准發張其昀留美一年用費三千六百元。晚餐時胡健中君來長談甚久。與希聖商宣傳方針。聖芬請受訓，勸其暫緩。核定復興訓練集影印標語。芷町來，處理四組件五件，又二件。談家務。十二時寢。

4月15日　星期六　陰　六十二度

九時起。閱報及參考消息。十時委座約往談話，報告昨日會晤孫院長談話之經過，及對共黨宣傳方面應注意之點，並請注意穩定物價方案，談四十分鐘而歸。十一時胡政之君來訪，談赴英視察新聞界觀感。謂英美現在均缺乏通賅之評論家，其論壇中只見專欄作者加多，與二十年前不同。並陳述對國際宣傳應注意方法。十二時卅分去。午餐後約希聖商宣傳業務。二時後小睡，三時醒。委座再約往談，口授對外籍記者談話之要旨，多有甚難著筆者。四時約邵力子先生來談，囑其慰問蘇大使之病。五時吳國楨次長來談，約三刻鐘。吳君去後，與力子研究中蘇關係。傍晚佩秋來談。晚餐後九時力子辭去。十時芷町來談。十一時卅分寢。

4月16日　星期日　陰　六十四度

八時卅分起。昨晚睡眠極深，今晨起牀後猶有矇矓之睡意也。閱第六組呈件兩疊，核定發文兩件（均致何總長）。閱報紙及參考消息後，研究對外籍記者談話稿。核發宣傳部件一件，又發還本黨簡史一冊於吳秘書長。十一時委座約往談話，以昨與力子接談經過及吳次長囑轉報之事面為報告。奉交下外電三件，囑為擬覆（其中一件存查），即擬稿呈核。午餐後一小時，曾虛白君來訪，談一小時餘而去。今日奉准四組調用陳漢平、五組委任王冠青為秘書。二時卅分小睡至三時半起。與六弟等談宣傳。與允默及望弟商泉兒之婚禮。傍晚天放來訪，以事冗辭之。晚餐後苓西兄來談，約三刻鐘。與芷町處理四組件二件。九時張文白兄來談與林商談之程序，與乃建通電話。十二時寢。

4月17日　星期一　陰、下午晴　六十六度

八時起。以有文字工作，故紀念週請假未出席。寫寄迪姪一信，用一年前寫就之信封，亦可見余之疏懶而冗碌矣。九時卅分後開始撰寫對外記者之談話稿。十一時委座約往談，又指示新加之意，端緒愈繁，更難著筆。出至蔚文主任處小坐。在庭園晤商啟予將軍，略談而歸。十二時卅分實之來，報告中常會情形。午餐後一時三刻小睡，至三時起。聞有敵偵察機窺涪陵，心頗惡之。辦理委座交辦之宣傳件，輾轉查詢，又費一小時。閱第六組呈件

及第四組件各一疊。文字工作為之間斷。四時卅分後始開始續寫談話稿，至八時卅分草草完成，自覺凌雜而不可用。芷町來談，相與太息久之。十時卅分閱六組件兩件，十二時寢。

4 月 18 日　星期二　晴　七十二度

七時三刻起。閱參考消息及外電。八時五十分有空襲警報，聞有敵機八架，由巴東縣西飛云云。整理書件，並閱黃埔建軍史話之稿件五篇。十時十分解除警報，繼續研究談話稿。與張文白兄通電話。十二時午餐，孫嘯月君等來訪允默。餐畢，委座約往談話，面諭外記者西北之行，先赴甘、青、寧考察亦可，並囑擬致羅總統函稿，魏大使攜去。歸寓後，即擬就呈核。三時出席本室第七十六次會報，決定官長伙食費增加百分之五十，每人合為每月九百元。並決議第一組提案四件。五時卅分散會，再往謁委座，取函稿歸，至十七號請亮疇秘書長翻譯。歸寓閱六組呈件。旋亮公來訪。晚餐後與芷町談外交局勢及物價問題。處理四組件二件。十一時就寢。

4 月 19 日　星期三　陰　六十四度

八時起。整理舊篋，擬檢若干關於中共問題之小冊，交魏大使帶美國，結果僅得四、五冊，再以中統局送來者補檢三、四種。十時卅分委座約往談，將致羅函簽署發下。奉諭出國留學考察實習等人員均一律停止派遣，不

出發。十一時卅分五組新任秘書王冠青到職，約其來談卅
分鐘。午餐後與芷町談留學生中止出發事，並與陳立夫部
長通電話。二時後小睡至三時起。擬往訪魏大使，適彼來
訪，乃以函件及委座贈赫爾國務卿之照片面交之。閱第六
組批件兩疊，第六組呈件及代批件各一疊，閱四組批表一
疊。研究發文（為留學生事），苦思久之。今日下午俞國
華兄來談，約卅分鐘。夜核發四組文件，簽請以周宏濤為
少校秘書，中校待遇。夜十一時三刻就寢。

4月20日　星期四　晴　七十二度

　　七時五十分起（四時即醒，六時後又矇矓入睡）。
八時卅分到國府參加中央黨政軍機關工作成績評判會議，
除考核委員會委員外，何總長及軍委會辦公廳賀主任均參
加。孔副委員長主席，首由黨務組王副主任子壯報告，次
政務組主任雪艇報告，次軍委會辦公廳主任賀國光報告。
各部門考核經過及結果互不相同，標準方式亦各異，最後
決定將黨政軍三部門分交三小組會議審查。余被指定參加
黨務組。十一時十五分散會，與亮疇、敬之諸公談中英關
係及中蘇關係。歸寓後與吳國楨次長通電話，詢昨日新聞
會議情形，並閱參考消息及廣播。十二時午餐，餐畢與允
默、祖望略談積泉婚事籌備事。小睡至二時卅分起。三時
到安龍章醫師處補修假牙，晤任叔永君及陳衡哲女士。四
時過參政會秘書處訪王雪艇君，與談近事，並交換對宣傳
與外交之意見，談約一小時歸。閱第六組呈件卅餘件，有

極繁雜者。傍晚閱四組送來發文等件。七時力子先生來談
十八日見潘大使談話概要。與立夫、國楨、書貽通電話。
晚餐後與希聖談國際形勢。今晚謙五內弟在寓，約其來談
一小時。十時許芷町來，處理四組件四件。十二時就寢。

4月21日　星期五　晴　七十六度

七時卅分起。往四號巡視一週，與允默談卅分鐘
歸。閱報及參考消息，向午孟海來談。午刻朱騮先君來談
朝鮮問題，約一小時去，處理公私函件若干件。午後小睡
一小時許，至三時起。鮑維翰君（將去迪化任中央社分社
主任）來談，旋隋星源（中監會秘書）君來談。閱第四組
批表八件。董副部長及曾處長來談一小時餘。以電話至三
聖宮與文白兄接洽（為發表青年團講演事）。七時許羅時
實秘書來談（攜來果夫一函），託帶回蕭化之呈件一包，
並致果夫函。閱六組件，並批辦四組之件。夜九時卅分往
謁委座，談卅分鐘歸。十二時就寢。

4月22日　星期六　晴　八十二度

七時卅分起。閱報載，豫境戰事劇烈，敵人初期出
動兵力五萬以上，其志不在小，願我第一戰區再奏奇功以
挫敗之也。敵方廣播與美國左派宣傳相互呼應，對我國百
端中傷，國際宣傳之充實蓋不容再緩矣。天氣驟熱，今日
忽感有發熱症象。乃建來談，仍強起酬對之。旋周國創來
談。至十一時許實不能支，測熱為卅七度四，乃偃臥休

息。至一時起，略進午餐後再睡，至三時起。思緒繁雜，
矇矓中多惡夢，不如起而作事也。三時卅分滄波來談。四
時邵遂初偕尹志仁來談。尹君雖為同學，而熱中功名，正
言規戒之。五時王世埔君來見。六時後辦發四組件六件，
閱六組件十九件。夜芷町來，處理四組件八件。天翼來談
甚久。十二時寢。

4月23日　星期日　晴　八十一度

七時起。今日為泉兒結婚，特請假一日，然上午仍
處理公文函札四件。周宏濤君以專件「蔣專員經國存件」
大信封一套（想係致經、緯兩兄之家諭）送來交余保存，
即為藏庋於新鐵箱內。十一時到中美文化協會，巡視禮堂
及樓上下客廳之佈置。余此次為泉兒舉行婚禮，意在實行
節約，故事前絕對秘密，然各方友好仍有知其事而賜以祝
詞與儀物者。其中許靜仁、沈成章、戴季陶、錢慕尹、曾
養甫諸君均特賜親筆書件，甚為可感。午刻賀客漸集，在
寓備便餐兩席，均為至戚好友，故不特為招待也。午後芷
町兄夫婦來訪，芷町留談一小時許。二時遣泉兒往王宅親
迎，余亦即至中美文化協會，與親翁王中惠（文煌）君相
晤。王君四川華陽籍，少時隨官北平、武昌等處，人極篤
誠，想兩家之家風家教亦復相似。三時泉兒舉行婚禮，賀
客到者約三百人。張文白君證婚，芷町及汪君子年為介紹
人，季陶、鐵城、可亭、組紳諸君代表來賓致詞。四時卅
分禮成攝影，與王中惠君同歸美專寓中，岑西老友亦來為

我作陪客。夜設席六桌，宴介紹人、新親及證婚人與戚族
等。陪客僅約公展、力子、公弼、滄波、芩西五人，皆老
友也。余不能飲酒，天時又熱，惟芷町、公弼、力子等助
我勸酒，意興甚高。宴畢已八時五十分。諸親友仍盤桓至
十時卅分始陸續而散。今日余略感疲勞，然完此積年心
事，殊自喜慰。十一時卅分寢。

4月24日　星期一　晴　七十八度

今晨早醒，患咳嗽甚劇。九時後皋兒及熊醫官為余
診視，並投藥劑。九時卅分起，今日仍請假半天，國防會
一三五次常會亦未出席也。周惺甫部長來訪，談戶政，李
伯英君亦同來，略談即去。向午賀貴嚴君來談邊事意見。
一時午餐，餐畢全家攝影，以六男二女均在寓，故留一紀
念也。小睡至三時後始起。睡極酣適，下午囑祖望代為結
束婚事雜務，命泉兒攜其婦來余室，對新婦世璽告以我家
之家世與家庭組織。並為告語：余個人服務公家，初非本
願，但在戰時只有專心公務，不能分心於家庭。又告以我
個人對兒女輩之期望是和諧、節儉、勤懇、負責，明知此
等訓話不必汲汲為之，然余銷假以後，恐更無暇與家人聚
話矣。余觀世璽端裕淑順，而其通曉世務，或勝於泉兒，
當能為泉之良助也。與吳國楨次長通電話。閱六組呈件一
疊，處理四組文件九件。梁均默君來談外記者出發等各
事。傍晚實之來談今日下午在渝中委談話會情形。黨內意
見漸複雜，至為可憂。蕭化之君來談，八時後始去。九時

往謁委座，謝賜儀，並報告近聞及全會應準備事項之意
見。對外記者赴西北事，委座仍謂須林祖涵來時面商後始
可定出發日期也。委座健康未全復，而憂思國事殊深。十
時歸，與六弟及允默談話。十二時寢。

4月25日　星期二　陰雨　七十二度

　　七時卅分起。甚有疲倦之意。皓兒、憐兒均今日回
去。九時卅分約泉兒來談。告以此後宜樂觀積極，並練習
事務，改革拘滯之個性。十時朱經農來訪，談卅分鐘去。
十一時唐薰南兄來訪，談湘省政情。客去後，研究全會期
間應對內對外表示之限度，未得結論。午餐時芷町攜四組
件來談，代批六、七件，送呈九件。小睡三時卅分起。到
中央黨部出席黨政工作成績評判會黨務組之審查會，到鐵
城、君佩、子壯及余四人，季陶以事赴鄉未到。審閱黨務
組考核報告，至六時卅分完畢，即歸寓。實之攜來外籍記
者連名上委座呈件，請放寬檢查尺度（十八日發），先譯
待呈。夜均默兄來談（有不怡之色）。與芷町、乃建研究
提審法等件。十二時就寢。

4月26日　星期三　陰雨　六十八度

　　昨晚睡眠極不佳，凌晨早醒，矇矓中有不可排遣之
思慮，但又疲甚不能興，至七時十五分起床，即患頭暈之
症。閱昨晚留置未閱之四組文件及廿四日在渝中委談話紀
要等。伍誠仁組長、黎鐵漢組長、施覺民副組長等來見，

談卅分鐘去。十時委座約往談，謂中央日報本日社論不得體，又諭示對於下午新聞記者招待會說明詞之內容，命以書面紀錄囑梁部長轉達。退歸寓所後，與吳次長、顧次長等通電話，斟酌談話答覆稿之內容，十二時卅分親自送往中央黨部交梁部長，面談十分鐘歸。午餐竟不思食。一時後小睡，然思慮又紛集，實不能入睡，三時卅分起。李夫人來，知唯果病未癒，甚為盼念。徬徨煩鬱，不可言狀。閱四組批表等件。六時卅分往謁委座，談卅分鐘歸。七時卅分芷町來。夜研究提審法等件，又研究國際宣傳之件。十時後閱六組件三疊。十一時卅分寢。

4 月 27 日　星期四　晴　七十二度

七時卅分起。昨晚睡眠甚佳，約酣睡五、六小時，今晨精神乃恢復矣。與允默談家務，對泉兒談入團受訓事。處理四組件三件，閱外交電十件。十一時往中央黨部，與吳秘書長談全會各事，約卅分鐘歸。芷町來談晤商王雪艇主任關於提審法之意見。午餐後決定簽擬意見之內容。小睡起，函慰唯果之病。三時卅分毓麟來談。四時與乃建往軍委會，參加特種會報。聞林祖涵定二十八日動身來渝。六時卅分歸，與雪艇通電話。閱六組件一疊，處理四組呈件四件。夜九時卅分往謁委座，略談即歸。十一時卅分寢。

4月28日　星期五　晴　七十四度

七時卅分起。閱中央日報本日社評，詞意之間，似仍有不妥處。嗣委座批諭，乃對編輯新聞之標題有所指正，即交訓念閱之。午前發函數緘，閱參考消息等，並整理文卷。午餐後約希聖來談宣傳事。小睡至二時卅分起。三時往中央黨部參加中央政校校務委員會全體會，亮疇先生主席，討論提案三件，五時卅分散會。約季陶過余寓，談全會應有之準備。六時卅分天翼來訪。七時到堯廬晚餐，為平遠組長、國華秘書餞行，飲酒三杯。聞委座以本室開支額太大，對希曾頗有責備。九時與雪艇同謁委座。十時歸，閱四組文件。十一時卅分寢。

4月29日　星期六　陰晴　七十四度

七時卅分起。閱報及參考消息後，研究全會各問題，並將兩次談話會紀要繕呈核閱。十一時偕戴院長往謁委座，由戴君陳述對全會之意見，並答委座之詢問，一時卅分始辭出。午餐後，約葉秘書實之來談，囑其檢送總章等件。覆閱曾秘書校讀之二十二年事略，仍送還孫編纂。小睡至二時三刻起。委座命往談，有所指示。天放來訪。五時卅分雪艇、文白兩君來談，將去西安之各事，文白以為殊不必有此行。六時卅分去，俞鴻鈞次長來談。與國楨、天翼通電話。七時晚餐後道藩來詳談，約二小時始去。聞果夫病已癒，殊慰。立夫以妻病，不能即來，殊念之。處理四組呈件八件，閱六組批表及呈件兩疊。十一時

卅分寢。

4 月 30 日　星期日　晴　七十八度

　　七時卅分起。閱報及外交電十二件。十時委座約往
談話，以昨晚與道藩兄所談之概略陳述，並報告中央日報
之近況。又談文白、雪艇赴西安事，約卅分鐘退。歸至俞
秘書處小坐，又至六組，告唐組長，定星期三開情報會
議。回寓後與四弟談話。午餐畢小睡，至二時卅分起。四
組送來發文及呈件數件，即為核定交發。又核閱特別黨部
之件。四時與希聖、六弟談報事，致健中一函。傍晚自誠
來談良久。晚餐後閱六組呈件及批表，唐組長來談。九時
偕文白、雪艇謁委座，十時十分退。至第二處辦公室再與
二君談話，十一時歸寓。十二時就寢。

5月1日　星期一　晴　八十二度

　　七時卅分起。八時到堯廬，參加國民月會，先與林主任談西安方面情形，及林祖涵明日可到西安，委座派文白、雪艇兩君前往與之交換意見事。八時五分月會開始，林主任無暇到會，由余主席。對各同人告以時局日益艱難，國外輿論對吾人不諒解日深，盟邦團結堪虞；國內共黨乘機搗亂，凡反對本黨者又復策動對中樞之攻擊，而減少其威望；物價高漲，社會不安，治安情形亦堪隱憂。吾人身為黨員，值此時艱，有如家庭憂患紛乘，惟有格外振奮惕厲，並引「天下無難事，天下無易事，終身有憂處，終身有樂處」四語以相勗勉。八時四十分月會畢，九時到國府參加紀念週。委座親臨主席，曾部長報告交通行政，約三刻鐘畢。與志希、立夫、養甫談話，並在主席室謁委座，略談歸。發嚴立夫先生之唁電，處理公私函件若干件。十二時卅分午餐，聞有預行警報，二時後小睡未成眠。實之來報告中常會情形。今日睡眠不足，殊覺疲憊。與允默略談後，呼匠理髮，歸室處理第六組文件。傍晚道藩來談今日中委談話會第三次會情形。七時卅分晚餐，餐畢與芷町共商對憲政實施協進會之發文，至十時始畢。立夫來談約一小時。文白來談三刻鐘。客去後沐浴，至十一時五十分始就寢。

5月2日　星期二　陰　七十六度

　　七時十五分起。昨晚睡不足五小時，起床後頗感疲

繁，幸天氣較涼，仍能耐心工作。今日晨五時張文白、王雪艇二君飛西安。核簽改進國際宣傳方案一件。約鄭秘書來談，詢其生活及組內同人情形，並分節款若干移贈之。乃建來談明日舉行情報會議事。辦理四組呈件三件。蔣夢麟君來談，多憂慮之言，至十二時始去。午餐簽擬憲協會關於派定人員考察分區組織人選來文一件。今日以時間關係，廢止午睡。三時到幹部學校開校務委員會，到戴、段、立、鐵城、庶華及余六人，討論案兩件，五時完畢歸寓。外交部送來顧使電及邱吉爾之答覆（均為英對我外交人員待遇事），即閱呈之。楊玉清君來談。晚餐後均默來談。旋公展、希孔兩君來談。致均默一函。閱四組件兩件，與芷町談話久之。十一時三刻就寢。

5月3日　星期三　晴　八十度

七時卅五分起。昨夜僅睡五時。凌晨又早醒矣。閱報載蘇捷協定，並讀各報論文。委座昨日在老鷹岩休息，上午九時向其報告文白之電話。旋研究新聞檢查放寬之辦法，又校改對外記者談話稿。十時委座歸，到官邸出席情報會議。到戴、徐、王、何（鳳山）、張（鎮）、宣及毛（人鳳）、郭紫峻等。各單位報告直至十二時始畢。旋由委座訓話，提示利用情報打破惡意宣傳之必要。一時卅分午餐，餐畢已二時卅分。歸來後兩次試睡而均未成，神經甚緊張與興奮。核閱本處上月份之收支及個人賬冊，閱六組呈件一疊，四組發文若干件。力子先生來談，談時局及

新疆等事。六時卅分與文白通電話。向吳次長詢記者會議
情形。晚餐後力子仍留談一小時去。閱四組批件。十二時
就寢。

5月4日　星期四　晴　八十度

　　七時十分起。昨晚睡眠又不足，連日如此，真覺困
憊之至。上午閱報以外僅核發四組文件二件，為委座草擬
五五紀念典禮訓詞。初交叔諒起稿，繼乃自己斟酌，僅寫
五百餘字之短文，尚不能穩愜，惆悵無已。午餐後小睡亦
竟不能成眠，但合眼靜息，臥床一小時餘而起，仍覺昏昏
不清醒也。有王兼士君者，持陶遺函來訪，與談淪區情
形。旋許靜芝局長來談授勳事。傍晚閱六組呈件兩疊、四
組件二件。自誠來談，七時卅分與文白通電話。夜核改昨
日情報會議之紀錄，又為希聖修改中央日報社論一篇。十
時五十分就寢。

5月5日　星期五　晴　八十二度

　　六時五十分起。昨晚睡眠尚佳，然早晨殊苦醒來太
早也。七時卅分滄波來談。九時到國府參加典禮，領受元
旦令頒之一等景星章一枚。無補艱危，何勞足錄，慚疚無
已。十時樓兆達先生來談，叔時之岳丈也。十時卅分往馬
家坡參加中央幹部學校成立典禮及研究部開學典禮，委座
致訓詞，十二時卅分禮畢歸寓午餐。餐畢小睡，乃竟不能
成眠，徬徨煩躁，至三時始起，此境至為難受也。約自誠

來，修改上午訓詞稿交其呈核後發表。傍晚國華、乃建先後來談。國華定八日動身出國，乃建談情報與宣傳連繫事。旋顯光來訪，攜來譯件，讀之覺未盡善也。核閱四組件五件，擬致美總統及軍事當局函，介紹商啟予團長。晚餐後親送官邸呈閱歸，閱六組件。十二時寢。

5月6日　星期六　晴　八十二度

六時十分起。今晨四時餘即醒，殊苦睡眠不足，然枕上多夢，心煩異常，不如強起為愈也。繼續填註第三處所送黨訓班學員之調查表，計俞、蕭、邵（毓）、唐四員，逐項填寫，甚費斟酌。八時卅分畢事，改定三民主義學會成立日訓詞。九時五十分往謁委座，報告五、六事。奉諭準備全會開會詞，口授要點，達一小時餘畢。委座之憂憤深矣。十一時卅分商啟予團長來訪，懇談良久而去。彼即將赴美也。十二時一刻午餐，餐畢與允默談一小時後，午睡尚酣，至三時卅分起，約睡九十分鐘，似已補足矣。閱第六組呈件兩疊、批表十件，與顯光、虛白、芷町以電話洽事。整理文件篋子，檢查物件。九時校閱幹部學校訓詞，閱本日中委談話會紀要。芷町來談，處理四組各件。十一時許就寢。

5月7日　星期日　晴　八十九度

六時三刻起。昨晚睡眠較佳，處理私人函札數件，並核閱四組發文數件。十時往見委座，報告昨日與文白在

電話內所談之要點，並對時局面陳所見，談四十分鐘而歸。皋兒、細兒來家，向午泉兒亦自團歸省。午餐後與默略談。彼今日回山洞寓所，余本欲同行，以事未果。整理卅年以後之外交件及廿九年外交件之一部份，直至五時始畢。午後甚熱，今日廢除午睡，亦不覺倦。傍晚與六弟談話。閱四組件二件。夜氣候稍涼，就枕小憩，旋起閱六組件一疊。聞今日洛陽失陷矣。十時卅分自誠來談，攜來新疆省各件，分交四、六組辦理。與雪艇通電話。十一時寢。

5月8日　星期一　陰晴、下午雨　七十四度

　　七時起。國華來辭行，彼今日午後出國赴美深造，如此美才，加以勤學，他日必有大成也。八時三刻到國府，九時參加紀念週。陳部長報告教育，十時禮成。入主席室謁委座，報告雪艇昨自西安來電話之所言。十時一刻開國防最高會一三六次常會，戴院長主席，議決關於戰時編審預算辦法及其他要案。與戴院長談卅分鐘，十二時四十五分歸。午餐後與四弟及祖望談話。一時卅分小睡至四時許始起。與乃建通電話。傍晚氣候漸涼，閱六組件一疊，又發文一件，閱四組件四件。夜芷町來商關於本室預算之簽呈。于先生函呈辭職。十一時卅分寢。

5月9日　星期二　上午雨、下午陰　六十八度

　　七時卅分起。昨晚睡眠甚佳，雖屢醒而入睡則酣，

故晨起精神較佳。九時實之送來昨日午後提案研究委員會之談話錄，即為閱呈。又為蔣夫人校譯五月十二日用之答辭（美國各大學校友聯合會以榮譽狀贈夫人），原稿為王家械君所譯，既不忠實又不雅馴，改之甚費力，約二小時許始完畢。擬往訪季陶，因之不果。午餐後小睡至二時卅分起。夢見伯母，甚為可異。三時十五分動身到老鷹岩謁委座報告各事，並商承開會詞之要旨。五時屬生來謁，侍談久之。至六時始別，以為時已遲，遂不回渝，今晚即宿山寓。夜休息未作事。十一時寢。

5月10日　星期三　晴　七十二度

七時卅分起。山中環境靜寂，勝於渝市遠甚，今日乃領略之也。八時五十分往謁委座，適值外出散步，乃迎之於途，同至邸側花園內小坐。又口授開會詞稿之要點，談約卅分鐘。委座用心至深，甚可念也。十時卅分自山洞動身回渝，到中央黨部參加提案委員會。孔、孫、戴等均到會，至十二時卅分會畢，歸寓午餐。餐畢就睡約一小時餘。羅佩秋兄來談，攜來果夫之函。三時到國府出席黨政軍工作成績評判會，各委員發言甚多，至六時始散會。與李宗黃君談雲南近事，乃彼約余自述者也。七時許歸寓，核六組發文一件，又呈件一疊，閱四組批表十件。夜實之來，與芷町談近事，處理呈覆件一件。十一時十分就寢。

5月11日　星期四　晴　八十度

七時起。昨夜睡眠殊不足，僅睡五小時，故精神較差。起草慰留于院長之電，改定中國軍事史略序一篇，四弟所代擬也。閱報後與張文白兄（西安）通電話，又與天翼、蔚文通電話。蔣夢麟君來談與美大使談話情形。力子先生來談一小時許而去。午餐時吳德生君來談一時卅分。再與文白通電話。小睡至三時起。以電話報告委座，決定外國記者西北之行。四時到軍委會參加會報，討論記者團出發各事。至六時卅分散會，與何總長略談後偕董顯光君同車歸。閱第四組呈件二件，第六組批表兩疊、呈件一疊。夜核呈盛晉庸來電，並擬覆電稿，與芷町商談甚久。旋唐乃建兄來談，十時卅分起。精神殊憊。十一時就寢。

5月12日　星期五　晴　八十八度

七時卅分起。昨晚未服藥，中宵屢醒，睡實未足也。盥洗畢，寫報告二件，簽呈一件。閱本日報紙，覺中央日報之社論甚為粗率，甚矣今日言論界之才難也。約冠青來談，以特種文件四夾交之。十一時後甚覺疲憊，乃服安眠劑二丸，上床就睡，然不足兩小時即為電話驚醒。草草進餐畢，天氣熱甚，幾不能寧心工作，無已，將全會開會詞之要點先為記錄之。閱四組批表十二件，六組件不遑細閱，退還唐組長處理之。再約冠青來談，五時五十分委座約往談話，命擬致史達林函稿，備潘大使攜去，退歸美專街辦公室草草寫成，欲就商於吳次長，而彼適外出。八

時卅分往訪哲生院長，述委座之命，請其注意蘇聯事。十時歸，十一時卅分寢。

5月13日　星期六　晴、下午雨　九十二度

七時卅分起。閱今日各報，知豫西戰局不甚利。新華日報響應大公報之文，自詡其戰績，果不出所料也。九時卅分約王冠青兄來商文字，以要點付之，並為排比次第，談一小時。即囑其起草，約明日送閱。鐵城先生來訪，談 Service 秘書赴西北事，余以為宜婉辭謝之。蓋記者團不宜雜以外交人員也，後知何總長之意亦同。午餐後天氣驟熱，鬱悶異常，欲睡而不得。三時接山洞電話。知委座約談，乃先將六組各件核閱完畢，並代批八件，四時一刻動身。車過新橋遇大雨，五時到山洞官邸，謁談三十分鐘，商函稿並報告數事。旋返家一行，八時委座約晚餐，餐畢，在露台上侍坐一小時，九時卅分歸。周秘書來談。十一時寢。

5月14日　星期日　陰　七十四度

七時五十分起。盥洗畢，奉委座之召，到官邸談話十分鐘。歸寓進餐畢，九時三十分歸抵美專街寓。祖望以電稿數件相示，余以委座交下之家書留存及中央銀行發行數額表等件交祖望，囑其存入鐵箱內儲藏之。旋即辦發致魏大使電，並致王秘書長電。十一時到曾家岩官邸謁委座，略談而歸。立夫、井塘兩兄來訪，談湖南大學事。旋

共商關於美國學界批評管制留學生事之談話稿，兩君於午餐後留談一小時而去。核閱四組文件八件，親擬致薛主席電稿一件。三時後小睡片刻起，又閱六組件十四件、區黨部文件一件。雜務太多，至五時後始著手研究開會詞。卜道明來訪，梁均默來電話，又為所間斷。夜實之與孟海、芷町先後來談。十一時卅分就寢。

5月15日　星期一　晴　七十六度

七時卅分起。接委員長電話，命與吳秘書長接洽兩事，並約見陪同記者團出發西北之正副主持人，以電話分別接洽，頗費周折，因之紀念週不得不請假焉。八時卅分開始起草開會詞稿，以冠青之稿敘次太雜，而組織不清，故決定重寫之。然電話與賓客紛紛絡繹而至，如此囂煩，何能安心寫文字乎。至正午僅完全稿之半。閱六組件十餘件。一時午餐後小睡。以下午本有特別小組會議，今決定緩開，故仍利用餘閒時間以補足睡眠也。三時起後覺文思甚滯，適岳軍來談一小時四十分鐘，徐道鄰兄亦來談三刻鐘，工作遂為之間斷。客去後，勉強完成第四段。夜精神情緒均不佳，九時後始動手，草草將結論寫畢，為哲生發表不妥講演事，奉電話諭示兩次，往與鐵城先生談。十一時歸，十二時寢。

5月16日　星期二　晴　七十六度

七時卅分起。昨晚以憂思叢集，以致失眠。三時卅

分始入睡，故晨起殊疲乏也。與委座通電話兩次，將文稿
再酌為修改後，於十時卅分送出。滄波來談于先生事，約
二十分鐘而去。十一時後倦甚，服藥一丸，就床小睡，至
一時許起。略進食，即至戴宅訪季陶，談全會各事。旋岳
軍、季陸來，相與談話至四時。到中央黨部出席提案委員
會二次會，秘書處準備各事均不得要領，各常委亦並不接
洽，討論約二小時餘，仍無如何結果。回想南京歷次中央
開會情形，則事前之準備，此次實太草草矣。七時歸芷町
來商洽呈件，晚餐後繼續處理各件。乃建來談見朱一民談
話情形。國楨次長來訪。薊聰攜件來談。閱六組件各件。
十一時寢。

5月17日　星期三　晴　八十度

七時卅分起。閱中央日報及參考消息後，八時卅分
往待帆廬訪吳達詮主席，談四十分鐘歸。與鐵城先生通電
話，旋於十時卅分往訪稚暉先生，談全會事。稚公雍容談
笑，使余心胸為之一舒。寄亮疇先生函，問候其牙疾，並
餽藥物。十二時卅分午餐，餐畢約冠青來談文字。一時卅
分小睡，至三時許起。約芷町來談，商經建策進會常委之
呈件，並囑其往機場迎候雪艇、文白，以彼等今日偕林祖
涵來渝也。四時與鐵城先生應委員長約同往山洞官邸，五
時到達，謁見侍談一小時餘。委座命留宿山中，與蕭秘書
散步後，約其至我寓晚餐。與文白、芷町先後通電話，又
與望弟、六弟通話。夜九時往訪楚傖先生，談一小時半而

歸。十一時卅分寢。

5月18日　星期四　晴　八十二度

　　七時五十分始起。早餐畢，往見委座於水池邊，侍談卅分鐘。面述經濟建設策進會關於物價問題之建議。蒙交下核改之開會詞稿，並面囑關於全會提案各事。九時卅分隨委座同車歸。十時許抵美專街寓，修改並整理開會詞。十時卅分亮疇先生來談，與之商開會詞之內容。十一時劉恢先生主席來談，卅分鐘而去。十一時卅分雪艇主任來談赴陝之經過，並與商談全會各事及最近外交之情勢。梁均默兄來訪，遞來辭呈一件，退回之不可，姑允為之轉呈焉。十二時卅分往官邸午餐，達詮、岳軍兩主席在座，向委座力勸注意健康，調整生活，注意大事，勿親理次要之事，委座皆嘉納之。一時十五分進餐。二時歸寓小睡，至三時許起。遣叔諒往見雪艇，歸得來書，然其意再將開會詞修改之。與虛白通電話又與立夫通電話，良久乃通。立夫近日又冷淡旁觀。洵可異也。傍晚辦發要件三件。唐組長乃建兄來談。晚餐後與芷町、希聖談話。旋處理四組文件五件。九時卅分屬生來談一小時許，關於行政會議事有所商榷。旋道藩兄來談，知蕭、鄭、賴等之囂張益甚，頗感革命道德何以薄弱至此。囑道藩轉勸彼等力持大體，不知有效否耳。十一時文白兄來談陝行概略，並談全會事及時局，十二時卅分始別。一時就寢。

5月19日　星期五　雨　七十四度

六時卅分起。昨晚失眠，僅睡四小時，猶不足也。為全事擬往山洞謁委座，繼知其將歸，以電話報告之。九時卅分立夫來談，勸其約束同志，然彼意似淡漠。十時卅分往謁委座，談卅分鐘而歸。旋閱開會詞稿，為改正而整理之。午餐後約冠青來談，囑擬要點。小睡仍未熟，二時卅分即起。與四弟談話，彼將請假赴白沙講學也。約希聖來，囑研究全會之宣言。整理書件，閱第六組件。旋為李宗黃君摘函呈一件，又接魏大使來電，攜往委座核閱之。略談出，孔副院長約談，竟露辭意，可異也。談至七時十五分歸。八時委座宴各省主席，前往作陪。十時十分歸，閱四組批件。十一時寢。

5月20日　星期六　雨　六十六度

七時卅分起。昨晚睡眠至酣暢，晨起精神甚佳。八時往國府參加十二中全會開幕典禮，總裁致開會詞，歷卅分鐘。到會執行委員八十九人，候補執委二十二人。禮畢接開預備會，選出主席團十一人。十一時十五分會畢，與季陶略談後歸寓，將開會詞再加整理，以總裁又略有修改也。並閱報告三件。午餐畢已將一時，小睡至三時卅分起。四時卅分奉委座約見，往談卅分鐘。孔先生送來辭呈兩件，奉諭當面退還之。六時到孔公館，送還原呈。孔副院長留談其不能不請辭之苦衷，余以大義諷示之，勸其不必引退，而當檢討現局改善辦法，負起責任，以挽艱危。

孔君之言甚冗長，至八時始得告別。即至官邸參加宴請中
央常委之晚餐會。吳先生陳述意見，甚多雋語。十時餐
畢，侍談十分鐘歸。十一時陳延祚來談。處理四組件，
十二時就寢。

5月21日　星期日　雨　六十七度

七時二十分起。盥洗畢，寫報告一件。八時往國府
出席全會第一次大會，馮玉祥委員主席。旋即至休息室，
開宣言起草委員會，商定內容要點。戴、孫、王、羅均有
發言，至十時重入會場，聽黨務報告之質詢。眾意似集中
責難於組織部，為驩先計，亦甚難堪也。十一時請先退
席。歸寓未久，接委座電召，乃往官邸，報告各事。孔先
生願得一書面慰留，其實何必。至十二時卅分歸。一時芷
町來，處理四組件，閱六組批表，小睡至三時起。乃建來
談甚久。周秘書送來委座卅二年日記一冊，囑為保存。六
時奉命往見孔君，問候其疾病，並說明退回辭呈較批答慰
留更為親切之意。談至七時十分歸。奉諭研究明日講話
稿，至八時始完畢，並囑芷町共同斟酌之。十時往謁委
座，報告十分鐘歸。考慮宣言。十一時寢。

5月22日　星期一　陰、小雨　六十七度

七時卅分起。八時出席全會紀念週，總裁致訓，勗
勉同人，歷一小時餘始畢。接開第二次大會，居委員正主
席，首為宣傳、海外各部答覆質詢案，繼由亮疇先生作政

治報告（甘副秘書長代為宣讀），余以有事，十一時卅分先歸。修改開會詞摘要，午餐後約曾虛白來談，面交稿件，囑其翻譯備用。小睡至三時起。委座約往談，交下提案稿一件。命研究之。旋約鐵城先生來，共商以中央黨部機構不宜更張，原擬提案稿不宜用，即以此意簽覆焉。六時卅分實之來談。處理四組件兩件。七時卅分晚餐，餐畢研究全會宣言，並與希聖談商，承其撥冗研議要點，心甚感之。時遲不能撰寫。十一時寢。

5月23日　星期二　陰、下午雨　六十八度

七時起。今日未出席全會，七時卅分與委座通電話，約文白、雪艇於十二時往談，又約墨三長官於十二時卅分往談。八時後著手收集材料，起草宣言初稿，以常有雜務相擾，不能定心工作，深恐誤時，於十時函戴、孫、葉三君告之，並約蘭友來共商。至十一時寫成前段，十一時卅分蘭友來談，請其代寫結論，並商內容，彼甚以為可。十二時卅分午餐，餐畢閱報及六組各件。實之來報告上午會議情形。一時午睡，二時卅分醒。醒後乃意緒茫然，文思拙滯異常，毫無自信。六時卅分蘭友以結論送來，至八時繼續寫兩段。第四段三易其稿，仍覺未妥。終於毀棄改撰之。八時卅分處理四組件四件，九時後繼續動筆，至十二時卅分完成。寫密呈一件，至二時卅分始寢。

5月24日　星期三　陰、下午晴　七十度

七時卅分起。昨晚入睡已將三時，實際只睡四小時而已。盥洗畢，覆魏大使號電。閱報及參考消息，並研究宣言初稿。八時三刻赴會場出席全會第四次會議，聽政治報告之質詢及軍事報告之質詢案，以宣言稿與蘭友斟酌後，送呈　總裁校閱。旋季陶自外來，直入會場，向主席李君佩一鞠躬，遞上辭呈，蓋有感於會場之凌亂無序也。余即尾隨之而出，至中庭邀之回來，與商宣言稿，其意稍平。旋主席一致挽留，以辭呈原件退還。總裁亦溫諭慰勉，乃收受焉。與之續商宣言，主張修改頗多。十一時重入會場，聽閩、甘兩省主席報告。十二時散會，謁委座，略談歸。午餐後已一時，小睡至三時起。修改宣言，約芷町來，相共商酌。其間閱四組件三件，至七時修改完畢交繕。夜十時往謁委座，略談歸。十一時寢。

5月25日　星期四　晴、陰、雨　七十度

七時卅分起。昨間睡眠不充分。八時到會場出席全會五次大會，列席主席團會議。旋總裁到會，奉諭開會詞不必發表，即轉告秘書處。十時卅分開宣言起草委員會，對初稿略有修改，雪艇另有加入一段意思，志希記出後，囑余插入之。十一時卅分退歸，整理全稿，勉將前段加入四、五語，寫成讀之，終有補綴之痕跡。蘭友謂文字只宜一人執筆，且不可陸續增刪。又謂寫文字不可太民主，雖屬諧談，亦有至理也。十二時委座約往官邸午餐，商于先

生辭職事。經將國府文官處轉據中央常會送來之辭呈面呈，奉批諭：由吳秘書長將原件送還慰留。旋委座接見驤先，商組織部、教育部對調之事。驤先未允任新職。一時卅分歸，遂不午睡。校對文字，交實之攜會場。二時驤先來談，甚久而去。核發電稿一件，致成都于先生。三時到會場，與雪艇商談教育部之事。入見總裁，報告雪艇之意見。總裁似甚煩悶，以本欲立夫繼任組織部，而教部實不易得妥當之人也。人事安排之難，可為一慨。四時主席團將宣言稿再加研究，有所刪節，至五時卅分歸。余今日覺疲勞甚矣。閱六組批表及四組呈件數件，又處理函札數件。與六弟談此次全會中一部分委員所表示之精神甚為可嘆。晚餐畢，實不能支坐，九時就寢，十時卅分入睡。

5 月 26 日　星期五　微晴　七十度

七時十五分起。八時到會場，出席第六次大會。委座交下宣言稿，略有改易字句。驤先送來辭呈，即為親遞之。今日大會由孫哲生主席，通過管制物價案，討論頗久。又通過准組織部長朱家驊辭職，以果夫繼任。至十時議案完畢，退至休息室，整理宣言。又為中央社核定開會詞要點，十一時通過宣言草案，旋即舉行閉幕式。十一時卅分禮成，與庸之、敬之兩先生略談。十二時後歸寓，研究閻先生來電，報告委座後，以電話告徐次宸部長，囑其轉達焉。一時午餐畢，小睡至二時三刻起。連日冗繁，決計回山洞休息一日，五時動身，途中值美國軍醫某君往視

夫人之疾，乃邀與同車。六時到達，訪丁鼎丞先生，長談
一小時。外出散步。夜十時就寢。

5月27日　星期六　微晴　七十六度

八時起。盥洗畢，往舍外散步一週。回來後閱全會
期中之政治質詢案及各種報告決議案與建議案等，至十一
時完畢。祖望派人送來電報四件、何總長擬發表之軍事報
告稿一件。十二時往見委座，面呈請示，奉諭不必發表。
又報告數事，並將魏大使、郭武官電呈閱。十一時卅分午
餐，蔣夫人於一時卅分約往談，關於古秘書之事，聞之甚
為不怡。回寓小睡，至三時三刻起。四時自山寓動身，
允默送余至路側。五時十五分到達美專街，覆何總長
信，並處理電報四件。谷紀常主席來訪，談一小時去。
與芷町處理四組文件十餘件。七時赴中央黨部，宴請中
委晚餐。總裁有訓詞。八時歸，胡春冰來談。厲生來長
談。十一時寢。

5月28日　星期日　晴　八十一度

五時四十五分起。昨晚入睡已二時許，今晨早醒，
甚感睡眠不足也。盥洗畢，不暇理他事，將行政會議開會
詞稿另行撰擬。以原稿為陳之邁所撰，篇幅太長（近五千
字），命意措詞亦有不得體者。與其改削，不如重寫。然
時間已迫，非上午趕成不可，因之不能詳細審酌。與厲
生兄電話洽商後，即匆匆撰擬，至十一時卅分完稿。凡

二千九百字，即交繕正呈閱，不及再潤飾矣。午餐後疲
甚，而不能熟睡，有心跳之疾，就枕小憩，徒覺煩躁，二
時即起。皋、皓、明、樂、細、憐均來寓，迨、約亦來
家，積泉今日出團，寓中頓形熱鬧。四時呼匠理髮畢，
五時約諸兒集余室，談笑久之，心境稍暢矣。閱六組
件，與六弟談報館事。夜兩次與屬生通電話。洗澡，十
時卅分寢。

5 月 29 日　星期一　晴　八十三度

　　七時起。八時往國府，知紀念週尚未開始，仍復折
回。閱報並發函兩緘。九時再往國府出席紀念週，並參加
全國行政會議開幕式。總裁致詞勗勉，歷三十五分鐘而
歸。會場內熟友甚多，均略與周旋。十時卅分偕阮毅成兄
同回美專寓。毅成為我暢談浙政多可嘆息者。如無法補
救，則桑梓大勢去矣。閱中央常會議事錄。十二時卅分午
餐，餐畢，約冠青來談，囑其調查出版檢查機構事。並告
以練寫文字之要點。一時卅分午睡，至二時卅分醒。三時
與顯光通電話，商西北記者團電訊扣放事。三時一刻參加
行政會議大會及預備會，六時會畢。謁委座後，歸寓。夜
與顯光、恩曾、敏之通電話。自誠來談。處理四組件六
件。改開會詞。一時寢。

5 月 30 日　星期二　晴　九十度

　　七時。昨晚睡眠不佳，晨起精神即不爽健。閱報及

參考消息後，到國府出席行政會議第二次檢討會，對推進
地方自治案，各出席人員發言甚多。十一時散會歸，頗覺
不能支持。午餐後小睡，只略一合眼，未能睡熟，腦筋疲
煩而興奮。二時起，將開會詞稿校正，閱之甚不滿意，姑
送自誠再說。三時到國府會議廳，參加第一組審查會，討
論省政府組織及相關之提案。各會員發言極熱烈，立夫、
正綱堅主省級社會行政機構應列入省府組織法。明知理由
不甚充分，亦只得容納其意。六時卅分會畢歸，閱外交電
十件，六組件十五件。夜敵機襲梁山，本市曾發警報。處
理四組件。十一時寢。

5月31日　星期三　晴　九十度

　　七時十五分。昨晚睡眠較酣，今晨精神便覺充沛，
與昨日迥不相同矣。發函三緘後，八時到國府出席行政會
議第三次檢討會議，討論「淪陷區收復之準備」及「管制
物價」案。十一時散會，委座即在國府接見各省廳長，而
余則先歸寓。劉攻芸秘書長來訪，談國立行局設會計處之
事。閱六組呈件十餘件，辦發文電各一件。午餐後小睡亦
頗酣，二時卅分起。天放來談。三時往國府出席行政會議
之審查會。五時歸寓。五時卅分往見委座，陪同文白、雪
艇談話。兩君報告與林祖涵商談之經過，甚無誠意，果不
出所料。雪艇並報告對華萊士來華之準備。兩君退出後，
余仍留談十分鐘，請示關於宣傳及文電四、五件。六時
歸，宏濤來談，簽請以孫義宣調官邸服務。旋顯光來，改

定致青年會百年紀念之賀電。晚餐後閱四組批表，改定六三紀念訓詞。自誠來，核定行政會議開會詞稿。整藥箱，十一時卅分寢。

6月1日　星期四　晴　九十六度

　　七時起。昨晚甚熱，既睡而復起。致張母姚太夫人、馬母彭太夫人八十誕慶壽頌一篇，以余夫婦之名義贈之。二母者，岳軍伉儷之母也。就養一堂，怡怡相得，並臻高壽，亦屬一時佳話，故樂為撰頌以致祝。然以此至二時許始睡，今晨又為鄰近石工驚醒，乃感覺睡眠不足，而酷熱難忍。八時出席國民月會，對本室同人備致勗勉。以全會主要之精神，在恢復本黨革命精神，堅定不搖，愈困愈奮之要旨，轉述而詳告之。並告以吾人來此服務，待遇並不優於其他機關，而晝夜從公，工作之緊張則遠過之。吾人惟一之安慰，即為在此抗戰之偉大時期，能直接為最高統帥服務。若以入室為弋官進職之階梯，敢信同人決不存有此種無聊之思想。並引述一例，謂五組金省吾同志入室九年，位不過組員，職級不過少校，但其為委座繕寫之信函，則永遠存庋於各國之最高行政機關與國會圖書館等處，此豈尋常機關之簡薦人員所能企及？故吾人應將名利地位、安危甘苦、各種流俗之觀念一掃而空之。次又勉勵同人：

　　（一）愛惜公物；

　　（二）隨時檢點工作；

　　（三）注重衛生健康。

　　言頗詳盡而切直，不知聽者之感動何如，吾盡吾心而已。九時出席行政會議，討論第二審查組及第一審查組之報告各案，均有相當解決。十一時散會歸，閱各報及參

考消息。浙北戰事甚可滿意。午餐後小睡至二時許起。送
來雲光賻儀三千元，慰唁其母喪。三時出席行政會議之四
次大會，討論三、四兩組之審查報告。中間退席謁委座於
國府主席室，報告要事，商魏大使來電，報告四國商談和
平機構事。奉交手諭一件：中委發表論文，均須先經總裁
審核，即以此件送達於吳秘書長。六時行政會議舉行開會
式，委座致詞五十分鐘。今晚酷熱，以反復叮嚀不懈，其
屬望之深可見矣。七時散會，協助張秘書長處理發表件，
歸寓已在七時卅分之後。實以熱甚，只能在露台偃臥休
息。夜與芷町處理四組各件，並談處理時局之要點。洗澡
服藥後，十一時就寢。

6月2日　星期五　陰　八十八度

　　七時三刻起。昨晚睡眠酣足，為數日來所未有。今
日開會已畢，擬稍作休息焉。為四國商談國際和平安全機
構事，委座有致羅總統一電，即送機要室，以英文電拍致
魏大使轉發之。許秘書來訪。未及接晤。佩箴、任滄來談
農行之事甚久。核定本處上月開支一七、六〇〇元。十一
時君武來談，將去成都，挽留于院長回渝。余亦親書一
函，託其攜去。務請打消辭意，相共患難，不知于先生能
回心轉意否。閱中央日報今日社論，為胡秋原之手筆，甚
得體。午餐後處理私函數緘。小睡僅三刻鐘即起。殆睡眠
已足之故歟？約泉兒來，與之談家務，以其將出國，故
將家中之事具告之。旋六弟來談，以統一出版機構事囑

其研究。孟海來談。閱六組呈件十餘件。與國楨諸人通
電話。劉新齋君來談。傍晚約劉同縝來談，擬約其入本
室工作。六時卅分王雪艇君來談關於貫澈法治保障人權
之方案。核定四組積案五件，閱批表十八件，又處理四
組件數件。吳德生來談一小時餘。公展來談一小時餘。
十二時五十分寢。

6月3日　星期六　雨　七十四度

七時起。昨晚服藥甚多，今晨仍早醒。研究全會後
應有之興革要點，有數事覺非面陳不可，乃於十時動身往
山洞。適許秘書來辭行，余以其氣度尚欠寬平，贈言勗勉
之。旋即去老鷹岩，泉兒及兒婦世璽同往山寓。十一時到
官邸，十一時卅分晉謁，詳陳十二事。歸寓午餐，約陳武
官書麟來談。午餐甫畢，蔣夫人約往談，以古秘書接任人
選及他事面商之，並暢論今日政治之動向，言之不覺其
長。旋再謁委座，承以親筆致于先生函交余攜轉。回寓小
憩，約袁廣陞副官來，託以家務，並囑其應周詳督察官邸
之四周。四時卅五分由山洞動身，五時卅分到美專街寓。
祖望攜來待處理事四件，即批辦之。六時卅分岳軍來話
別，相對慨然，互陳所見，委座以致于函託其帶去。閱六
組件。夜處理四組件，發函電六緘。健中來詳談。十二時
卅分寢。

6月4日　星期日　陰　七十六度

七時卅分起。昨晚睡眠甚酣。晨起閱報後，擬往訪劉主席，知其外出未往。在寓整理行政會議之件，為唐景南兄題字。九時卅分約唐組長乃建來談業務及交換關於黨政問題之見聞，談兩二小時始去。與吳次長通電話，接洽華萊士來華之招待事宜。侍從武官室送來參事會談之名單，為核定之。午餐後小睡，至二時一刻起。睡眠甚深，起床後，閱關於改善出版檢查機構之各項法令及意見，研究全會所定諸原則，殊不易得一折衷至當之方法。徐景薇參事來談，卅分鐘而去。何仙槎同志來談山東之工作情形。閱第六組呈件三疊，四組批表及發文一疊。泉兒今日宴請其岳家諸人，王中惠親家伉儷及其子世埔夫婦均來寓。與六弟同往，周旋之。中間與委座通電話。六時五十分晚餐，八時王家諸人辭去。與希聖及六弟談中央日報事。處理一月來公私函札。閱國防會件。十一時卅分寢。

6月5日　星期一　陰晴　八十度

八時起。不及參加紀念週，乃具函請假焉。閱讀關於改善出版檢查之件。八時五十分到國府，九時卅分參加國防會第一三七次常會。委座親臨主席，通過動員總監條例及其他要案十二件。十二時始散會，回寓一轉，與王新命君同至官邸，參加參事會談。至一時許陸續到部。郭、張、陳依次報告後，屬生又有極長之報告，聽之實覺倦甚。二時三刻歸寓，倒頭便睡，至四時起。即至中央黨

部，出席關於改善出版檢查辦法之審查會（對統一審查十分滿意）。梁部長之意見甚為特殊，與之辯論，極為費力。繼討論審查標準，至七時卅分始畢。回寓，閱六組呈件兩疊。八時一刻晚餐，餐畢，閱第六組批表二十餘件，擬代電稿一件，處理四組呈件八件。旋芷町來，又繼續處理四組件九件，作函四緘。十二時卅分寢。

6月6日　星期二　晴、傍晚微雨　八十度

七時五十分起。蔣經國兄來訪，余尚未起床也。發函二緘，交四組辦理文件三件。八時五十分外出，至嘉陵賓館訪馬子雲（步青）君談十五分鐘辭出。在陝西街甘肅省銀行訪谷紀常主席，泉兒亦同進謁焉。十時卅分回寓，約冠青來談，指示其工作。董為公君及陳漢平秘書來，均未及接晤。宋子文君來談華萊士來渝應準備各事，至十一時三刻歸去。午餐後約希聖來談，囑其研究與華萊士談話之要點。二時紀常主席來辭行，留簽呈二件，即交四組辦發。三時偕劉同鎮君同車至山洞，謁蔣夫人，決定以劉君接古秘書之職務。五時劉君先回，余進謁委座，報告各事，以時遲遂不歸渝，擬休息一日。傍晚外出散步，遇雨而歸。晚餐食蘑菇。夜十時卅分寢。

6月7日　星期三　陰　七十八度

八時起。九時卅分往謁委座，談十五分鐘辭出。奉諭應準備中央軍校二十週年紀念文告。即乘車歸渝，十時

到達。閱六組批表數件。十時卅分王健民同志來談,將赴美任美洲日報之副總編輯,為指示宣傳要點,談一小時而去。程滄波來訪,談卅分鐘去。約應厚莃書記來談。發表應厚莃為第四組少校組員。午餐後作函數緘,小睡約一小時起。約古秘書來談,旋陳滄海(侍衛長室秘書)偕張曉崧(字旭野,將任本室之參議,辦監察之監察業務)來訪。張君臨海人,氣概豪放,不免失之粗浮。四時後約祖望來商人事件,發表古兆鵬秘書免職,委劉同縝為中校秘書。與屬生及滇生通電話。五時卅分約芷町來,商處理公事。閱四組批表十六件,處理四組呈件十四件,有極繁複者。閱六組情報件卅件。吳國楨次長來談華萊士日程,即簽註呈閱。七時卅分約傅孟真來晚餐,餐畢談二小時,十時別去。十一時文白來談。閱報至十二時就寢。

6月8日　星期四　陰　七十八度

七時卅分起。今日公文積件稍就清理,事務較閒。致哲生一函,傳委座之意,約其星期日午餐。又準備劉同縝秘書到職之事。于望德君(右任先生之公子)來談一刻鐘。冀省民廳長詹朝陽同志來談。其人氣質頗佳,廣東人,任冀黨委將十年。約卅分鐘去。十一時往謁委座,報告延安方面之條件。又與吳次長同謁見,商定華萊士來華之日程。回寓後盧作孚君介紹民生公司韓仲賢來談(第二模範市場民生公司財務處)。午餐畢,小睡至二時許起。約冠青來談,戒其出外時間宜少,並責以多看書研究。軍

委會參議馬青苑來訪，適將外出，遂未及見。四時偕唐組長乃建同往軍委會，出席星期四會報。今日出席人數甚多（宋部長亦到）而議案頗少，六時即散，與乃建同歸。六時卅分力子來談憲政實施協進會準備各事，七時卅分去。與雪艇、屬生等兩次通電話。夜處理四組件七件，代批者八件。與芷町談時局。十時卅分後閱六組件。十二時寢。

6月9日　星期五　晨大雨、陰　七十五度

八時起。準備軍校二十周年紀念文字，檢民國十二年總理開學訓詞及二十三年委座之文告，閱讀而研究之，並為摘錄要點，繼乃酌擬此次文字之要旨，沉思許久，略具輪廓，姑暫置之。處理本處事務，囑竺副官赴城內一行。中午約騮先兄來談黨務，歷一小時餘。一時午餐畢，小睡至三時起。約希聖來談，囑其準備華萊士來渝談話要點。三時朱經農君來談中央大學近狀，多可憂可嘆者。朱君有消極之意，極力慰勸之，談兩小時許始別去。閱六組件兩疊。谷主席來訪。旋溫叔萱同志來談三民主義叢書編委會事。吳次長兩次來電話，並送來日程一件，即為轉呈。六時擬具文字要點，簽請核示。閱四組批表十八件，處理四組文件五件。八時晚餐。夜劉同縝來談。閱外報。十一時卅分寢。

6月10日　星期六　陰　七十六度

七時卅分起。接委員長電話，對軍校二十周年紀念

文告要點有所指示，命即準備起草。囑君章搜集材料，將第一、二、三期畢業同學錄詳讀二次，覺當年誓師勵眾之精誠，如在目前也。劉同縝秘書今日到職，十時到曾家岩，指導古秘書與劉秘書交接事。退至四組，接見沙、陳（漢平）、李、鄭諸秘書，詢工作情形。並囑芷町撰寫慰唁李其相副司令遺族（李於上月六日在陜省殉國）之電文。十一時三刻歸，與委座再通電話。午餐畢，與希聖談文字。小睡至二時卅分起。約冠青來，口授要旨，囑其擬紀念文電之初稿。三時一刻到宣傳部，與均默、公展會商改進出版檢查之條例與標準。孫德鍾發言不當，余不能忍面斥之。五時事畢，與均默略談歸。閱六組件及四組呈件兩件。亮公來談甚久。夜孟海、芷町先後來談。親譯華萊士歡迎詞，二時就寢。

6月11日　星期日　晴　八十度

七時三刻起。昨晚入睡太遲，以後宜改正之。校閱昨晚所譯之演詞，交繕正後即呈閱焉。希聖送來「華萊士之抱負與政見」研究報告一件，殊可見其用力之勤。十時辟塵抱元發曾姪孫來見，我家又見一代，惜大哥之不及親見也。待冠青之稿，久而不至。午餐後小睡，至二時許起。閱第六組呈件兩疊，批表一疊，又閱四組件三件。接哲生來函，交四組辦理。四時李立侯來談。五時卅分果夫來談。六時乃建來談戰局與政治，八時去。晚餐後冠青送紀念文告來，散漫疲弱，竟不能用。若余自為之，此時或

已完稿矣。人皆謂余事善躬親，豈得已乎。九時往訪孫哲生，以某文件示之，談一小時許歸。自誠來談，作函付之。十一時卅分寢。

6月12日　星期一　陰晴　八十四度

七時卅分起。盥洗畢，到國民政府參加紀念週，遇張文白兄於門首，知林祖涵又有函來要求將延安提出之辦法轉呈，文白等當然不允可也。八時紀念週開始，農林部沈部長報告業務與檢討，約四十分鐘，九時禮畢。陪何思源君入見委座。余在客室與陳泮嶺、苗培成略談，九時卅分歸。閱報及六組呈件批表等，並準備文字工作。忽覺胃部不適欲嘔，乃小睡，旋稍癒。十二時卅分午餐，實之來談，謂道藩今日與孫、邵兩委員口頭衝突，聞之甚為不怡。何以黨內喪失自信至此，而力子之媚外忘本尤可痛也。午餐後小睡至二時起，屢次欲動筆寫文字，而屢為雜務或電話相擾。七時卅分晚餐後，又處理四組文件六件。仍不能定心作文字，只閱以前各期同學錄序，以期觸發文思而已。十一時卅分就寢。

6月13日　星期二　晴、下午陰　八十二度

七時起。昨晚睡眠較充足，晨起精神殊爽。盥洗進餐畢，閱報二份。八時許即開始撰寫軍校二十周年紀念日告歷期同學書，以準備充分，寫稿時異常順利，雖頭緒較繁，而自覺氣機暢順，至十一時卅分寫成，凡二千九百

字。近來每有撰述，常覺不慊於心，獨此文不然，以三千餘字之長文，不分段節，仍能一氣呵成，甚自喜精力之未衰也。午餐後略有腹瀉。小睡至三時起。閱六組件一疊、四組件五件。三時一刻由渝動身，四時到山洞官邸，以文稿面呈委座，並報告各事。退歸山舍，孫嘯月君姊妹來我家作客，與談半小時，傍晚外出散步。夜閱呈關於華萊士談話之件兩件。十一時寢。

6 月 14 日　星期三　雨　七十三度

六時卅分醒，七時起。盥洗畢，大雨如注。八時偕孫嘯月、朔寧兩君同車返渝。到美專街一轉後，即赴軍委會參加憲政實施協進會之全體會議。出席會員卅一人，報告案六件，繼討論黃任之、張君勱兩君之提案。余對君勱提案，認為無成立之必要，發言陳述，不免激直。然而今日之事，大家均不開心見誠，余以為應說實話也。張志讓有一關於言論自由之提案，亦不無隔膜，然余則未發言。討論畢，已一時。陪燕樹棠、錢端升、周枚蓀三君進見。旋委座交下軍校紀念文告之修正稿，命再整理，遂不及參加午餐而歸。略進食後，即著手整理，於四時繕正送呈。並為蔣夫人修改聯合國日廣播詞譯文一件。今日事冗，只得廢止午睡。六時委座以核定稿交下，即交清繕，送何總長與政治部張部長。自誠來談。旋閱六組件十五件，處理四組件八件。與雪艇等以電話洽事。夜果、立夫二兄來談。十時往見委座，十時卅分歸。十一時卅分寢。

6月15日　星期四　陰、下午晴　七十八度

七時卅分起。盥洗畢，閱報並辦發函電四件。八時五十分往謁委座，以文白所擬覆林之函稿呈閱，蒙核改數語攜回寄還之。十時一刻為赴官邸，陪鐵城、寒操兩君進見，談西北記者團回程及宣傳等事。委座以為不妨令記者團早回也。十一時一刻歸寓，寄果夫一函。又辦發關於組織部副部長之件。葉北平來訪，攜回宗濂一函，余以事未及出見也。午餐後小睡至二時卅分起。閱六組件一疊、四組件二件、批表二十件。又辦發關於宴請華萊士之賓客名單等件。接斌佳來函，以改正譯件交同鎮打字。三時四十分屬生來談動員會議人選及政院政務處各事。五時唯果來談。五時三刻公展來談，一小時餘而去。夜賀元靖主任來談辦公廳與新檢局事。處理四組呈件。函慰孟海。十一時卅分寢。

6月16日　星期五　陰雨　七十九度

八時許始起。昨晚睡眠較充足，然晨醒仍嫌太早也。閱報三種，不及出席總理蒙難紀念之典禮。在寓閱第六組呈件十餘件。邵力子先生來訪。十時奉命往謁委座，報告昨日辦理各事。商教部次長人選及中央大學繼任之事，奉諭擬致羅總統函稿。以孔先生將出國出席國際貨幣會議，為之介紹於羅總統。歸寓即擬函稿一件，十一時卅分呈核。午餐後奉發下略有更改，即抄送亮疇先生翻譯，並交省吾繕寫中文信。二時小睡未熟，約冠青來談文字。

與國楨在電話中洽事。三時陳之邁君來辭行，將赴美大使館任參事，以「中共問題之文件」卅冊面交之，並告以宣傳要點，致伯聰大使一函，四時卅分別去。國楨次長來談。佩蔵來訪，未及接晤也。閱四組批表十二件，核定發文四件，交同鎮秘書清繕文件。自誠來談。今日冗碌萬狀。夜九時往訪庸之。十時歸，辦簽呈四件。十二時寢。

6月17日　星期六　雨　七十四度

七時卅分起。委座已來電話，詢川省徵實數額之事，殊訝其晨起治事之早也。九時狄君武副秘書長來訪，齎回于院長呈總裁函及覆余一函，辭意未即打消，而語氣已稍活動矣。為秦炳洙君函尹任先局長。楊雲竹司長來訪，有渴望奉使國外之意，其意似在阿富汗或南美。十時卅分往訪達詮主席於待帆樓，談卅分鐘而歸。天寒而衣單，此君年高體健可羨也。歸後以電話約芷町來，商致川主席電稿。嗣覺此時以先明瞭實況為要，乃以長途電話與岳軍主席通話。知參議會已定案，本年徵實徵借共為二千〇九十萬石，遂報告委座決定，不發電稿。午餐後約叔諒（昨日自白沙歸）來談文字，囑代慰孟海之喪，贈賻四千金。十二時、一時兩次接蔣夫人之電話。二時卅分夫人歸來，往見於曾家岩官邸，商改致羅總統（介紹孔副院長）函稿。歸交省吾繕正中文函，即託夫人攜去親簽焉。四時卅分改代電稿一件（致川參議會獎勵築機場），閱四、六組各件。夜與家人閒談。芷町來談。十二時寢。

6月18日　星期日　陰晴　八十度

七時卅分起。昨晚服最有效之安眠劑，而清晨早醒，精神稍覺困憊，實出意料之外也。發函數緘，又閱近兩週來之函札二十餘件。處理未畢，而亮疇先生來訪，談明日議案及涉外法律原則各事。亮疇先生矜慎過人，老於閱歷，凡所研究，均堪令後進折服。獨惜其值此危艱，避免過問中樞要計。自謀則緘，而于責任上為不無缺憾耳。關於孫丹林先生事，已簽奉委座聯為行政院顧問，即以告之。繼又談充實國防會參事人選，彼提出林同濟與徐敦璋兩君，余不知其詳，未明可否，請亮公照彼意決定之。旋又與之研究雪艇所擬對華萊士談話要旨，亮公對此則發生興趣，斟酌字句多處。十一時卅分始別去。滄波來談，謂余近來常有不能自掩其憤激之處。不知我者，何能知我之心憂。然終當引為反省之資耳。委座電話來，極關心於學潮。午餐後小睡僅一小時餘即醒，心神甚不寧謐。起與立夫、經農通電話，言之又蹈過於激直之病。閱六組批表廿餘件，處理四組件四件。五時岳軍來談，約一小時餘而去。皋兒今日來家，與之研究安眠藥功用。天放又來訪，以事辭焉（以星期日來閒談乃余所最不歡迎者也）。七時政之、芸生來談。八時委座約達詮、政之、芸生、岳軍晚餐，指示時局與戰局要點，並詢意見。笑謂近來天時人和均佳，身體弱者亦復加健，能耐勞苦，如布雷即其例也。可見其善慰之忱。十時餐畢，約政、芸二人再過余寓談話。十一時厲生來談，卅分鐘去。接蔣夫人來函。十二時

就寢。

6 月 19 日　星期一　陰雨　七十六度

　　七時起。今日余以睡眠太少之關係，開始患劇烈之
胃痛。自下午一時起，至晚餐時始稍癒，添此新疾，殊可
慮也。八時到國民政府，薛子良報告水利行政。未及出席
紀念週，與亮疇先生研究歡迎詞稿，以蔣夫人所改者逐句
校對，亮疇謂有若干語實以不加入為宜。九時開國防最高
委員會一三八次常會，決議保障人民身體自由辦法九條，
又議決改善出版檢查規則及標準等三件。此案討論時發言
者甚多，全案極複雜，委座親自主席，謂公布標準時，只
宜發表節目十二條，其說明事例之子目，可另以命令頒發
之也。最後指定潘公展、許孝炎與秘書廳接洽，共同整理
條文後發表之。另議決關於涉外法律原則案之處理等要案
十餘件。十一時五十分散會，與亮疇略談歸。亮公囑以研
究講詞之意見就商於蔣夫人。午餐後乃不獲休息，一時卅
分與蔣夫人在電話內詳談。夫人之意，仍堅持其主張應補
充關於改善農民生活一語，其若干修改詞，經亦詳告余以
修改之理由。如此見仁見智兩各不同，乃使余甚感為難
矣。三時卅分到亮公家商定加入一段，幾經考量，始獲定
稿。歸來後整理中文件，至是乃覺胃部不寧甚劇，飲咖啡
一杯，並洗浴，但仍不能就睡，甚感痛苦。強起，閱六組
件兩疊。唯果來談甚久，余臥而聽之。劉攻芸來訪，未及
見也。吳次長來接洽招待日程事。七時晚餐，餐畢稍覺舒

適。八時卅分芷町來談動員會議等事，九時卅分去。閱四組件十件。俞欽佥來談。十時卅分服藥後即就寢。

6月20日　星期二　雨　七十四度

　　八時十分起。胃痛又作，致不能再睡，其實精神殊乏，需要休息也。閱報及參考消息後，接迪化來電，華萊士於晨四時半起飛，即報告委員長。十時沈士華專員來訪，談印度近況，並餽余安睡劑多瓶，談一小時餘始別。向午天雨不止，空氣潮濕之至。余久未有筋骨酸痛之症，今日又復發。延吳麟孫兄來診胃病。十二時就床小憩，至二時起，補進午餐。餐畢，閱四組件兩疊，又閱六組件四十餘件。決定第二處裁留報紙之份數，遵實行節約之決議也。知華萊士副總統已於午後四時到達，為中央日報修改社論一篇。晚餐時芷町來談。八時委座來電話，對歡迎詞有指示修改處，即往約亮疇先生，知其外出應酬，九時始歸。攜英文稿往十七號，請其修改。十時卅分送外交部。十二時四十五分就寢。

6月21日　星期三　雨　七十二度

　　七時卅分起。昨晚因等待外交部送往官邸之件，直至一時許始就寢。晨起頗感疲乏，蓋睡眠實不足也。胃痛似稍癒，但仍未痊癒。與委座通電話二次。閱本日各報均載有華萊士到渝之歡迎詞，大公報一文甚有機軸，但不如中央日報之詳實。掃蕩報有失當之語。新華日報當然別有

立場，然開門見山，文字技巧至低。近來彼黨文字方面不及以前深刻而活潑，此必因能手被排擠之故也。十時疲甚小睡，十一時起。奉命往訪季陶院長，商歡迎詞之文字。與彼一晤，即知非短時間所能脫身，耐心傾聽其言論，並與談共黨問題及國內民族問題。在彼寓午餐，吃回鍋肉甚美，此川廚之名菜也。餐畢續談，至一時三刻始歸，發芸生一函，與四弟談七七文字事。小睡至四時起，閱四組件六件。五時動身來山洞，入見委座。子文、雪艇均在，略談而去。到寓一轉，八時公宴華萊士，到賓主九十六人，十時卅分散。季陶來談。十二時寢。

6月22日　星期四　陰、大雨　六十五度

八時許起。委座外出散步，命人來約談，余俟盥洗進食畢，始能前往。九時四十分到官邸進見，知華萊士副總統於清晨至田園中鋤地耕種以後，已赴北碚參觀農場去矣。委座忽命準備關於中共問題之詳件，與雪艇電話接洽，並摘錄要旨後，十時卅分由老鷹岩動身，十一時二十分抵渝。即以電話約郭參事斌佳來余寓，翻譯中央六月五日提示案及林祖涵提出之十二條指示要點，亦甚費力。雪艇病腹疾，不能來參加為憾。午餐畢，檢取開羅會議之件。一時十分小睡至二時卅分起。委座兩次來電話，分別轉達林主任及外交部。至五時十分，斌佳始將譯件繕成。余亦處理四組件十一件完畢。為之校讀譯件後，即乘車來山洞。適值華副總統與委座敘談，故未入見也。七時許雪

艇來寓，詳酌譯稿，夜九時往謁委座，談十五分鐘歸。約
宏濤來談，改講稿兩篇，十二時卅分寢。

6月23日　星期五　雨、晚晴霽　六十五度

八時十分起。今日胃病稍瘥。委座來電話催詢，余
往謁之。正與華萊士等早餐，乃折回。早餐後，委座與華
及拉鐵摩、范宣德作第三度會談，聞所談為中蘇關係、太
平洋前途及國共關係等事。委座終始以我方一貫之立場嚴
正指示之。十時許孫義宜送來打字件（即日民之領土被佔
領與聯合國領土被克復時之臨時處理問題之抄件），又陳
小姐以關於中共條件及中央提示案打字送來，乃於十時卅
分親往官邸，分別面交委座與王雪艇兄（託其攜致拉鐵摩
以中共文件），旋即歸寓，決心上午不回渝。改正曹聖芬
所紀之行政會議閉幕詞（所紀多失真者，此材本來可造，
近來頗沾沾自喜，且漸學蕭生自誠之風，文字冗長，常以
意為之，殊可惜也）。午餐後將講詞修改完畢。一時卅五
分小睡，至四時許起。往謁委座，命今晚留宿一宵。五時
再往官邸，與子文、雪艇侍談。旋往訪拉摩鐵爾未遇歸。
研究華萊士臨行之共同發表件，為錄底一份。六時卅分雪
艇來，商代夫人致羅總統函稿。八時晚餐畢，九時文白送
來精印遺教四部，即為送往官邸備贈送用。十時以雪艇電
稿送呈夫人。十一時寢。

6月24日　星期六　晴　八十二度

　　八時起。昨晚為待雪艇所擬之電稿，以致遲睡，而睡又不佳，殆由安眠藥不足量之故也。九時委員長在山左臨水閒眺，約余往談總動員會議各事。並謂今後各重要單位可每日集合辦公一小時。又諭詢數事，談卅餘分鐘後，委座仍去周旋各處。余則返舍。遇拉鐵摩爾於途，彼等今日將行，與之握手道別。十時由山洞動身，十一時許到渝寓。校譯羅總統贈重慶市民之詞，又將華萊士臨行談話稿校正其譯文。此次談話用Joint Press Release at the Conclution of Chung-King Visit 之字樣，而其內容則作「第三人稱」，又似近公報性質，但決不能認為正式之共同聲明。以彼此來無正式商談使命，亦未進行任何之正式會談，故此件之樣式，頗覺特別。外交部翻譯者，在匆忙中譯成，不無待斟酌之處，余亦僅能略為修正，約三、四語而已。約曾虛白處長來，與商譯事，即以英文本授之。一時午餐，餐畢，略閱文件。天時轉熱，午睡至三時十五分起。四時往訪賀市長貴嚴，以羅總統贈重慶市民之榮譽狀冊帙攜送之。奉委座之諭，囑其送達市參議會也。歸來後，與六弟、四弟等談譯件。閱四、六組件十餘件。孟海來談，不肯受余個人致贈其太夫人喪事之賻儀。旋芷町、乃建兩組長來談。接國楨次長電話，知華萊士上午十一時起飛，已到昆明矣。明日端節，分發節賞二千三百元。晚餐後與芷町處理四組呈件十六件，核定訓詞一件，十時卅分完畢。十一時卅分寢。

6月25日　星期日　晴　八十五度　陰曆端午

　　七時卅分起。閱本日各報所載，華萊士臨行談話，方式不同，而均無特撰評論者。大公報稱之為聯合聲明，則意義不愜當。蓋此件實為一種雙方同意發表之新聞，表示談話後之同一結論，或共同感想而已，其性質固不如聯合聲明之正式也。各報評述戰局，均極注意延安方面已發出「保衛西北」、「保衛西安」之宣傳。新華日報當然響應之，國軍必力戰卻敵，否則隱憂正未艾也。張治中部長擬呈重申紀律之通電一件，奉核改批可，即交第一處辦發之。今日端午，皓兒先來，細、憐兩兒與皋兒亦回家，余久不與諸兒聚談，特邀集兒女至余室談話，並與細、憐兩兒談文字。十時五十分滇生、振夫二人來賀節，與談國防會秘書廳之業務久之。十二時卅分委座約鐵、果、立、厲、文白、蔚文及余午餐，諄諄勗以注意健全組織之重要。謂今日百事廢弛，機關無能，業務脫節，無論黨、政、軍各部門均伏有危機。從今以後，宜注意「組織第一」，其意殆謂人事第一。而人事之和諧、協作、配合尤其重要也。委座對此言之再三，態度極嚴肅，而語極沉痛。就餐時，又申言之。鐵、果、立皆陳述所見，似均無當於委座之意。委座之用心，殆有見於各機關負責任者均無健強本黨與充實人才，及避免形式主義之覺悟而發耳。最後謂君等對此應即有研究，否則將為黨國之罪人矣。余雖略明其意，然不知所感覺者是否與其本旨合符耳。二時卅分歸，小睡至三時卅分起。芷町來談，以委座所言告

之。今日王氏新親答宴，為余之便利，即設席於我家。六時王中惠親翁來，邀至我室談敘。王宅到者除親母李淑芳及世墉夫婦外，尚有其五弟及妹丈梁子範。我方親戚到者謙五、祖望及澤宏。設席兩桌。餐畢，談敘至十時五十分始別。閱四組件四件、六組件五疊。致谷主席電，為華萊士遊蘭事。十二時卅分寢，疲極矣。

6月26日　星期一　晴　九十一度

七時五十分始起。疲勞未復，乃不復參加紀念週。天氣暢晴驟熱，甚覺不耐。四弟來談七七文告事，余告以暫緩。致雪艇一函，請其酌擬對外書告要旨。呼匠理髮。十時卅分委座約往談，詢總動員會議及教育界各事，並命準備七七文告，囑先研究要點。又提及昨日所談，本黨內部空虛散漫脫節之可慮，謂今日只見一片鬆弛，決不可以應非常之任，宜速研究一改善之道。余略陳所見，以為消極方面，宜先著手應先去除重複、衝突、磨擦、推諉諸弊端。譬如憲、警雙方不能融洽，憲、警與調查機關亦互不融洽，此治安上之隱患也。委座聞，頻頻嘆唱。余旋即辭出。委座以手批公事三件交余，即回寓辦發之。陳主計長藹士來詳談，為四行一局設會計處事，約一小時始去。十二時卅分委座約居、孫、戴院長及吳秘書長（稚、亮兩公未到）午餐，余往作陪，談今後中蘇關係應促進及中共問題解決之方針。居、孫、吳各有陳述，獨戴君不多言，僅謂本身必當堅強而已。天時甚熱，揮汗不止，二時始

歸。小睡至三時卅分起。余以身體不支（整整兩個月工作
均極緊張），上午向委座面陳乞假二天。而雜事紛來，仍
不能排遣，下午只得謝客偃臥休息，然筋骨疼痛又作（已
三日於茲），且目光模糊，甚為困倦。閱果夫送來之著作
「機關組織」，頗有創見，而不免附會過甚。晚餐後閱六
組呈件二疊，草草批辦四組件八件。芷町來談對時局之所
見。十時卅分服藥就寢。

6月27日　星期二　陰晴　八十五度

八時起。今日疲勞仍未恢復，然天氣轉涼，稍覺舒
爽。閱報知湘省戰況極危急，敵以優勢之多數兵團極力攻
犯，且復施放毒氣，今日衡陽已為激戰之場矣。閱六組件
一疊，又核閱五組審查書刊件三件。十時蔣夢麟君來談紅
十字會與太平洋學會事，並及沿途在黔、桂所見兵役狀
況。十一時卅分雪艇來談七七文告事，與改善中蘇關係之
意見，並述其草擬中英美對佔領或收復敵區土地時處理行
政與劃分軍政協定草案之經過。十二時三刻始去。一時午
餐，餐畢，午睡至三時起。核閱第五組積件八件，處理公
私函札十二緘。致俞次長鴻鈞一函，又致函考核委員會請
假。六時挈嚴尚友動身回老鷹岩，七時一刻到達。夜致季
陶一函。十時卅分寢。

6月28日　星期三　陰　八十度

八時卅分起。委員長來約至水榭閒坐。盥洗未畢，

未能往也。八時三刻到官邸，商談七七文告事。委座略示要點，記之於小冊。余以雪艇所擬要點奉呈，委座亦未加可否，僅謂國內團結抗戰為應有之義，不必特提。九時委座入城開會，余留住山中，擬專心靜養一天。然天時陰鬱，意緒不寧定。讀唐人詩自遣，頗覺百無聊賴。十一時登牀靜臥三刻鐘。午餐畢，讀書，旋又入睡一小時。起後讀舊時日記，傍晚散步，覺舉足無力，繞舍外一週歸。食粽子甚美。夜八時卅分往委座處侍談，得閱華萊士自成都來函，十時歸。十一時寢。

6月29日　星期四　雨　八十度（向晚八十二度）

八時許始起。盥洗畢，閱報。九時往官邸，九時十五分謁見委座，報告各事，並陳述回渝一行。委座謂何不在此稍住，既有事，能回渝一天，可早來也。旋交下華萊士六月廿七日自成都來函，即至隔室對照中英文而研究之。進見陳述畢，起程回渝。十一時到達美專寓，處理四組留待解決件四件，又辦理公私函札數緘。午餐畢，辦理對敵宣傳之件一件。小睡至三時起，閱文告準備之材料。五時十五分約雪艇來談，研究華萊士函之內容及中英美對佔領地臨時處理問題。六時五十分別去，約冠青來談，囑其起草七七文告，授以要旨。七時十五分芷町來談。晚餐畢，閱四組批表等件及呈件。與朱一民長官通長途電話。厲生來長談，十時卅分去。閱何總長來件。十一時卅分寢。

6月30日　星期五　雨　七十四度

　　六時卅分起。發私函三緘。接委座電話，約余即去山洞，而大雨如注，只得稍待。八時卅分約乃建來談，授以何總長呈件，與之研究半小時，以彼所見與余不同，囑其查案再酌。九時卅分由渝動身，泉兒搭車至高灘岩，過新橋後雨略霽，十時一刻到山洞官邸，晉謁委座。承交下續擬七七文告要點，並囑辦發吳貽芳「函請七七祈禱」事，順便報告數事，還歸寓所。辦發代電及電各一件。午餐後小睡，至三時許起。關於抗戰開始以來歷屆七七紀念之文告，至六時許始讀畢。繼乃將委座續交之要旨謄繕一份，以便融貫記憶，然於字裡行間，可見委座之憂勤備至矣。八時晚餐，食湯麵甚鮮美。九時往謁委座，同出步月，至水榭小坐。十時十分歸，核四組件三件，又閱參考材料三件，十一時卅分寢。

7月1日　星期六　陰晴　七十六度

　　七時卅分起。昨晚有月，而今晨暴雨，至八時後始已。氣候潮濕異常，余之骨痛症又作。尤可憾者，手指僵痛之疾久已未發，亦復加甚，於工作殊不便也。準備文字，摘記戰役要點，深咎自己平時太不留心。九時季陶自重慶來訪，談戰局及紀念文告，與之商榷要旨。戴君長言所見，約二小時許而別。午餐後小睡不甚酣，心中繫念文字，二時卅分即起。三時往訪蔣夫人，知其即將出國療疾，故特往訪之。歸至會議廳前看竹十餘分鐘，心思不凝聚，而腦力亦疲。四時後閱芸生、叔諒送來之材料，及冠青之初稿。七時卅分晚餐，胸中仍茫然不能著手起草，只得置之。十時就寢。

7月2日　星期日　晴　七十六度

　　六時醒，六時五十分起。以縈心文字，不能復睡。然起床以後，則覺頭暈。盥洗畢後，正擬著手撰寫目次，而委座見招，乃往迎於水塘之次，詢余已開始擬稿否，並囑不必汲汲撰寫，即明日寫成亦不遲。凡作重要文字，宜先使心情寬裕，不可於疲勞未復時為之，否則即不免露竭蹶之象也。此誠知我者之言，甚可感也。偕行散步久之，對內容更有所指示，余歸後覺甚疲，乃就睡一小時補足之。十一時起，閱芃生、毓麟諸兄所提之意見。午餐後又小睡，只覺頭暈肢酸，夢中亦繫心於文字，實未睡熟也。三時起，再取從前之書告補讀之，期使融會貫通，行文時

可機勢圓熟，直至七時半始畢。閱四組件五件，夜九時偕
委座步月，略談而歸。十時卅分寢。

7月3日　星期一　晴　八十度

七時起。今日留山中撰寫七七告軍民書稿件，故紀
念週不克出席。國防會一三九次常會亦請假焉。自八時開
始撰寫至十一時卅分僅寫成三段，疲勞實甚，只得稍休。
午餐後小睡至二時卅分起。神經緊張，實未睡熟。三時後
繼續撰寫，至七時三刻完稿。全文約四千言，寫罷指骨為
之作痛。此次文字，適當豫湘戰爭失利之後，又值國內外
責難交集，危疑紛乘之時，倍覺難於著筆。準備三天，徵
詢意見者四、五人，乃始於今日寫成之。自撰寫七七文告
以來，迄今七次，未有如今日之難於成就者也。八時晚
餐，今日明、樂兩兒自南開學校歸家，詳談校中諸事。晚
餐畢，閱批件三件，又閱賀美國國慶電稿一件。九時五十
分後文稿繕成，即送呈核閱。十一時就寢。

7月4日　星期二　晴　八十九度

六時前即醒，七時起床。修改高級班畢業結訓詞紀
錄一篇，修改致加爾各答僑胞七七紀念會訓電一件。九時
卅分偕省吾下山，十時十分到達重慶。閱情報數件，處理
函札三緘。天氣驟熱，見文件堆疊，殊感心煩。十一時到
行政院謁委座，陪同文白、雪艇晉見，聽取兩君關於與林
祖涵談話之報告，知中共意在拖延，全無誠意，甚可慨

歡。兩君去後，委座修改文告，余坐而待之，至一時始
歸。午餐後小睡至二時卅分起。見祖望案上各件凌雜，緩
急不分，乃盡取而清理之，費時甚久。又兩次接委座之電
話，對文告內容增加新意。亮疇、鐵城先後來訪，各談卅
分鐘。天熱事繁，腦筋為之脹痛。六時乃建來談。六時卅
分芷町來，先後處理四組呈件三批，凡十二件。八時晚
餐，九時後依委座之指示修改七七告軍民書，勉強補湊，
十二時卅分始畢。文字逆苦一至於此，三時就寢。

7月5日　星期三　晴、傍晚有雷雨　九十五度

五時一刻即為石工敲擊聲驚醒，不能入睡，六時
起。以冷水洗面，小睡偃息，至七時起床。八時校正書告
摘要之稿，與董顯光君接洽，預先譯為英文，免至時間不
及。此摘要稿係四弟、六弟所合作，至十一時後複寫送出
之。十時五十分委座約往談，對文告續有修改與補充，攜
回整理，至午始畢。午餐後小睡，天氣驟熱，不能熟睡。
處理四組、六組件各兩疊。四時卅分赴老鷹岩官邸，參加
委座召集之茶話會。居、戴、孫、何及中央黨部、青年團
部、行政院各部長，到者六十餘人，並有外賓數人。因夫
人將出國養病，此會為餞別而設也。委座與夫人均有演
詞，七時始畢。回寓休息，夜服藥後九時五十分寢。

7時6日　星期四　晴、晚大雨　八十七度

八時起。昨晚睡眠時間最久，殊由疲勞、安心及涼

爽三個有利因素所致也。委座派人來約，時余尚未起床，八時卅分往謁，則已下山出席四聯總處會議矣。九時卅分動身回渝，十一時電話來約往，候久之，將七七文告交下，又有修改，攜歸整理。而電話指示又來三次，修整完畢已二時矣。匆匆進餐後，並修改昨日夫人在茶會演說紀錄。又發表華萊士謝電。檢史太林六月六日覆函，抄送孫院長與何總長。至四時赴委座之約，命研究覆華萊士電文（係對其上月廿七成都來函之答覆），至周秘書處，一面修正，一面繕寫，六時呈閱。後往訪國楨次長，請其翻譯。歸寓後閱六組批表兩疊、呈件十七件，又處理四組各件。傍晚齒痛，夜吳、朱兩醫官來診。八時晚餐，實之來談。夜芷町來談。覆中央社函。十二時寢。

7月7日　星期五　陰、下午晴　八十四度

七時起。今日齒部炎腫略癒，但疲勞殊甚，此由連日用腦過多之故。又骨節疼痛亦劇，則氣候潮濕之反應也。五十之年，不應自嘆衰老，然此三年間實已年不如年矣。紀念典禮因之請假未去。統帥提倡禮儀，余非不知之，然仔細想來，與其參加典禮，而心思不屬，或不耐久立而亂秩序，即亦無當於禮意，此非解嘲之詞，乃實在語也。八時後發動本室第二處獻金，自獻五千元，規定同人尉官級百元、校官級二百元、將官級五百元，多捐者聽，以此意囑祖望通告第一處與侍衛長所屬部分，不欲獨行其是，亦不欲強人所難也。十一時公洽先生來談考核委員會

事，彼即改就訓練團職務。閱六組呈件一疊。十二時國楨
次長來談，攜來覆華萊士電之譯文，略談而去。本處獻金
由芷町發動競賽，甚為熱烈。四組捐一萬元，五組同人務
求超過之，則捐至二萬元左右。五組士兵獻一千七百元，
四組士兵思超過之，則獻二千二百元。總額四一，六○○
元。以此知人心未死，當為喜慰。而余之無言的教誨，亦
發生功用，彌堪自勵耳。校繕各件送呈林園委座閱覽，又
改正劉同縝君譯文一篇，為之示範。今日小睡而未熟，讀
各報論文，罕有佳者。若論精采動人，仍以芸生之文為最
矣。四時呈委座請假三天，閱猛悔樓詩集，甚慨才人之不
永其年。孟海來談久之。夜九時卅分將就睡，而警報作，
至十一時半解除。十二時寢。

7月8日　星期六　晴　九十五度

　　七時十五分起。昨晚遲睡，今日仍早醒，而齒部炎
腫亦未盡消也。九時卅分乃建組長來談甲種會報情形及中
美情報合作之統一，並及國內外時局，約一小時餘而去。
錢新之先生來訪，談徐景薇參事不能即到國防會，以交行
需用，須待覓人接替也。閱六組、四組呈件各若干件，整
理書櫃內各夾文件及圖籍材料，命細兒為我助理。至午後
四時始大體就緒，今日天熱甚，揮汗不止。叔諒來談，以
未完成之整理事託之。六時卅分提早晚餐，餐畢回山洞。
先送細兒到南開中學，比至山寓，已將八時許矣。夜炙艾
乘涼，十時十五分寢。

7月9日　星期日　晴、稍涼　九十二度

　　七時四十分起。知昨晚敵機襲梁山，本市曾發警報也。今日決心完全休息不理公事，因之亦不往見委員長。後知委員長出席中央大學之畢業典禮後即回。周宏濤秘書來談業務分配事，又談及贛省現鈔缺乏，即作一函寄俞鴻鈞次長，請其匯濟。發出覆羅、邱、蒙巴頓七七賀電。蔣夫人今日動身赴南美，未及往送也。午餐後小睡起，閱果夫所著「移風易俗電影片內容摘要」，甚有興趣，如閱小說，不甚費力。至六時許讀完，忽聞季陶來訪，其車在山洞損壞，遣車迎之。七時卅分始到，與之談話，覺並無要事，留呈總裁夫人一函而去。燈下閱四組件三件。夜十時卅分寢。

7月10日　星期一　晴　九十二度

　　七時卅分起。雖睡中多夢，而睡眠似已充足矣。今日心神怡定，不看書，不訪友，亦不作他事，惟與家人閒談，游行田野時，以暢胸臆。自念在此戰時，余之處境遠較他人為優裕，而公私之際，自問亦尚能依原則做人，不改十餘年之初衷。天之待余不薄，余之自待亦應勗勉勿輟也。早晨散步一週歸，邵慧貞世講來談二小時。廿五年相見，猶是新嫁娘，今兒女成群矣。午餐時食粉蒸肉，至二時卅分醒，再睡至四時起。六時攜明兒散步，流連於林故主席之舊園者久之。夜閒談休息，十時寢。

7月11日　星期二　晴　九十度

七時起。兩日山居，今日回渝銷假矣。七時卅分動身，八時到達。處理私函十緘，覆士遠師及王子壯君各一函。林赤民之子林建經來訪，不善其父之附逆行為，間關內來就學，亦有志青年也。囑祖望代見而慰勉之。教部新任次長賴景瑚來訪，亮疇先生偕景薇來訪，各談卅分鐘去。閱六組批件兩疊、呈件兩疊。午餐後小睡至三時卅分起。天氣悶熱異常。自誠來談，送來委座及夫人之講稿。作簽呈兩件，一報告銷假，一報告道藩父喪守制。旋奉批示給假一個月，並贈賻儀，即辦發之。又辦理四組文件二批，計十二件。王曉籟君來訪。朱經農教育長來訪，表示辭意，留辭呈一件而去。許孝炎君來訪，商對外宣傳事。六時吳文藻君來訪，談一時許，有志研究蒙事，可嘉也。七時卅分晚餐，餐畢回老鷹岩。十時卅分就寢。

7月12日　星期三　晴　九十二度

七時三刻起。八時四十分動身回渝，行前作函一緘，致張伯苓先生，為樂兒學業事。又至圃中採荷花數朵，雜花生番茄等攜歸。途中到南開一轉，約細兒出見，將張函交其面呈。九時三刻到重慶，閱函數緘，與約兒、憐兒閒談。十一時夢麟來談。接委座電話，約余下午去黃山。午餐畢，小睡至二時三刻起。閱六組件四疊、四組件三件、區黨部文件一件、教專會文件一件，又核辦張道藩兄簽呈一件，為補助文化撰述事。四時卅分往訪稚暉先

生，值午睡未晱。五時動身，五時卅分渡江，六時到黃
山，往謁委座，在新草舍前侍談約四十分鐘，對外交及
輿論有所諭示，寄慨遙深。退至辦公室，與蕭、周兩秘
書談話。八時卅分到官邸晚餐，九時卅分歸。十時五十
分就寢。

7月13日　星期四　晴雨　九十度

六時五十分起。昨夜十一時睡熟中宵醒凡四次，而
睡眠甚酣。今日齒牙部炎腫全消矣。自初患至今日適為一
星期。山中氣候較涼，約在八十四、五度左右。早餐畢，
外出散步，歸後與祖望、秀民通電話，又與雪艇在電話中
商洽對美國約請商討國際合作機構（赫爾謂：原定四國會
商，蘇聯礙於日本之關係，不便與我國共同協議，故改為
英、美、蘇與美、英、中分別舉行）之答覆事。十一時約
陳醫官來，注射 Neo Hombreol 針。向午忽頭暈不止。蔚
文、辭修來山。委座約午餐，未能往也。午餐畢小睡至三
時許起。辦發社會部、宣傳部代電一件。天忽下雨，意甚
不怡。筋骨酸痛又作，似又有微熱者然。讀王調父君猛悔
樓詩，既賞其才，復悲其抑塞善愁以死，即集其集中句成
五絕悼之。七時卅分到官邸，八時卅分與熊天翼陪委座晚
餐。餐畢談一小時歸。閱四組來件四件。十時卅分寢。

7月14日　晴　星期五　九十四度

六時起。袁副官廣陞謂醒何早歟，不知我近日雖服

藥而仍失眠也。閱四組呈表後,為三民主義半月刊請增經
費。自七月份起每月增加一萬五千元,連前共每月三萬
七千元。旋奉批准,致楊玉清兄一函,對經費事有所商
榷。函果夫論人事。函立夫告中大事,又函王芸生兄商對
美宣傳事。電鄧晉康主任問候,以其來渝見訪,而余未值
也。辦此數件函電,即覺手腕作酸,可見精神未復也。
十二時卅分到官邸,一時偕委座午餐,交下孔君來電一
疊。二時回室,奉命約王雪艇來山一敘。旋閱羅總統七七
來電,對我軍事指揮有所主張。並閱委座八日去電,意嚴
正而辭宛轉,此問題當可暫擱矣。錄存各要電。閱發下之
四組批表。四時五十分雪艇來,偕同晉謁。其時宋部長亦
在座,商三國商討國際組織事。六時季陶來山,王、宋辭
去,與季陶共餐於官邸。九時卅分退。十時卅分寢。

7月15日　星期六　晴　九十六度

七時起。往新草房與戴君談話,委座亦來。八時送
之下山,至大門而別。回室後閱考核委員會考察三聯制推
行成績,三十三年預算內容之報告各一件。均有極繁重之
附件,為詳閱而簽擬之。又擬新聞稿一件,發表夫人十三
日下午飛巴西之消息。正午十二時到官邸,謁委座,侍談
約三刻鐘。一時午餐,餐畢歸室小睡,而未成眠。二時卅
分起,辦理關於孫書記練習密電本及調劉同縝協助官邸秘
書工作之件。四時委座約往談,出示孔副院長文日來電,
知羅總統已閱委座八日覆電,對軍事指揮不能變更一點已

極諒解。又元日來電一件，為商談國際組織事，奉諭抄交外部核辦，即辭下山，過江歸渝。到第四組一轉，六時卅分歸美專寓。吳季高兄為余來診牙患。與芷町、訓悆、叔諒、實之談話。十一時就寢。

7月16日　星期日　晴　九十六（七）度

六時卅分起。牙腫稍平，大約不致化膿矣。惟天時驟熱，甚感不慣。在黃山時亦不覺甚涼，而一至渝市，即感酷熱難忍，僅上午尚能勉強工作耳。閱呈王雪艇君對於國際和平機構之意見二件，又核定第四組呈件二件。雪艇之意見書甚厚，閱之至為費時。約滄波來談，詢以監察院之現狀，並談雜事。午餐後小睡至二時卅分起，更覺酷熱難忍。閱第六組呈件十八件及四組文件四件。其中一件事涉宣傳者，甚感難於措置，暫置之。腦筋脹暈，兩目昏花，此境至難忍受。六時約王芸生君來談宣傳之方針，並聽其對國事之意見，談一小時餘去。吳醫再來診牙。夜不能作事，與憐兒、泉兒、四弟等納涼談話。十時五十分寢。

7月17日　星期一　晴　九十六度

六時十五分起。閱第四組昨晚留存件四件。致允默函，附去南開中學來函。覆楊玉清君函。八時到國府參加紀念週，八時三刻完畢。到主席室謁委座。九時十五分出席國防委員會一四〇次常會，十時五十分散會。約力子先

生到寓小坐，談參政會秘書處之人事糾紛。十一時卅分到
曾家岩官邸謁委座，承示孔先生寒日來電，知羅斯福對軍
事指揮問題忽又變調，仍堅持。退至周秘書處，閱羅總統
十五日發電，擬為翻譯，僅及一半，而委座將行，乃交周
秘書攜去完成之。到四組一轉，十二時卅分午餐，餐畢小
睡，至二時三刻起。閱外交件三件，六組批表二疊，呈件
十六件。果夫來談。五時卅分偕季陶渡江到黃山，七時到
達。夜商談至十時畢。十一時寢。

7月18日　星期二　晴、甚熱　九十七度

七時起。六時即醒，入山中後靜寂異常，且早涼貪
睡，故晏起也。七時卅分委座約往對面樓上早餐，對於致
美覆文又補充若干語，其意氣似稍平，然語及實際問題，
仍不免憤慨也。八時卅分委座渡江參加行政院會議，其勞
可念。季陶來余室中，談國事與黨內諸事。今日頗臧否人
物，語皆切實，然余心中有工作，耐心聽之，亦殊覺其太
久。十時十五分後開始工作，將晨間委座交下之孔來電二
件親自錄存之。又抄英文一件，時已十二時，遂不及起草
覆稿。十二時五十分到官邸午餐，席間有所報告。一時卅
分歸室，祖望送來外交部呈件，閱畢而後午睡，至四時許
始起。天氣甚熱，計山下當為九十八、九度。傍晚委座
來，約同季陶及余外出散步，對覆文稿又有商榷，所指示
者更見切實，知其又經詳慮矣。今日下午送到羅總統為華
萊士歸後之謝電，六時送呈之，茲亦提及。散步歸後，與

季陶談民國十九、二十年事，多未聞之掌故。八時半晚餐，九時卅分委座去，季陶仍談四十分鐘。十時五十分就寢。

7月19日　星期三　晴　九十八度

五時五十分起。將外交部呈件及參事室呈件比對簽註，皆為將來國際和平機構組織事。又為侍從室同人入高級班受訓事，簽請將唐縱緩訓。早餐時委座來，一視季陶，即去城中開會矣。季陶胃不消化，昨晚失眠，覓陳醫官來為診視之。與之談話一小時，歸而整理委座指示之意見。午刻十二時卅分到官邸午餐，報告數事。餐畢歸室閱報，午睡中多離奇之夢，三時三刻起。眼睛作痛。處理本日第四組批表六件，詳註辦理辦法。又閱手諭約十七、八件，均交周秘書攜回。季陶攜緯國、安國兩世兄來余室談話，約二小時而去。五時三刻後起草致孔第二電（作備忘錄用）。天氣熱甚，七時卅分畢。約自誠來談。委座來同晚餐。夜與季陶侍談舊事。十一時寢。

7月20日　星期四　正午日蝕、下午有陣雨　九十五度

六時起。早餐畢，移桌於鄰室，起草致孔先生之第三電，仍為羅總統提議以S指揮中美軍隊事。正在斟酌撰寫，而季陶來室，談一小時餘，工作為之中止。八時三刻後始得一意屬稿，至十時一刻完。陳醫來，為我打針（今日為止又注射NH六針完）。以起草之稿囑宏濤繕寫。閱

報二份，到舍外散步，與緯國談話。十一時三刻得敵內閣
總辭之消息，即報告委座。十二時以電稿三份呈核，一時
卅分到官邸午餐，談日閣改組之動向。二時回室，季陶又
與余略談，倦極小睡，至四時起。委座約往談，以改正之
電稿交余，密為繕寫。歸而整理，以一份交宏濤繕，二份
自繕之。八時一刻始畢，八時卅分晚餐後在露台上侍坐一
小時。委座今日意態沉默。與季陶談至十時乃洗浴就寢。
十一時後入睡。

7 月 21 日　星期五　晴　九十八度

六時卅分起。早餐畢，出外散步半小時，歸室後約
戴君來，研究答覆羅總統七月十五來電之電稿（致羅者一
件，致孔者二件），戴君詳細斟酌，對詞句多所補充修
改，並刪除涉及感情之語。以時時討論及於題外之原則，
故進行殊緩，凡三小時餘始完畢。再就覆稿對照謄正。
一時到官邸午餐，面陳修改經過，並將電稿三份親呈核
閱。二時卅分歸，午睡至三時卅分起，實未睡熟。閱本
日中央日報，日寇以米內、小磯聯合組閣。四時卅分委
座約談，交下核正之電稿，囑先譯密碼，待命再發。閱
四組批表十件，指示辦理要點，並覆立夫函，囑其轉告
開先，絕對不理滬上之和平攻勢。五時五十分事畢，悶
熱異常，出外散步，納涼約一小時餘歸。與戴君談話，
與重慶通電話二次，擬明日下山。八時五十分始晚餐，
餐畢侍談卅分鐘。委座先退，戴君後來談。十時五十分

寢，十一時卅分入睡。

7月22日　星期六　晴　九十五度

　　六時起。早膳畢後，核閱講詞紀錄（出席整軍會議預備會議之訓詞）一件，並為修改，至九時卅分竣事。閱呈報告三件。今日本擬回渝，但委座兩次表示，欲余仍住山中，無要事不必歸去。下午又言之，只得中止。實則處內、處外均有事待商辦，不可長期離隔，此意則不便明言耳。正午一時到官邸午餐，餐畢天陰尚涼，午睡直至四時許始起。委座攜緯國來余等所住之處，季陶與余共迎。研究德國政局變動之趨勢，並斷定日閣改組當為加強決戰。六時隨委座乘車游行，直至廣元壩江邊而返。車行甚緩，天時悶熱，七時卅分歸，出汗甚多。九時許晚餐，餐畢與季陶長談兩小時以上。十一時卅分寢。

7月23日　星期日　晴、下午雷雨　九十六度

　　七時許起。閱四組送來呈件兩件。九時往謁委座後，九時卅分偕張秘書廷楨下山。發致孔覆電一緘，又委座致孔梗漾一、二、三、四電，均今日發出。十時卅分到美專寓，金誦盤醫師來談久之。閱公私函札二十餘件，分別處理之。其中有二、三件甚煩複，至十二時始畢。午餐後天熱甚，小睡未熟。起約細兒等來談話。四時許大雷雨，旋止。閱第六組呈件兩疊。七時晚餐。胡健中君來談甚久。余漸覺胡君任事之勇不及從前矣。唐乃建兄來談組

務，與整軍會議情形，可為慨嘆。芏町來，處理文件二
件。談時局語多激昂，余甚為之憂慮。十一時寢，十二時
後入睡。

7月24日　星期一　晴　九十二度

七時起。睡實未足，頭腦昏暈。寫致明、樂一緘，
未完畢，而無力繼續。八時到國府參加紀念週，段書貽作
報告。八時五十分完畢，與諸友略談而歸。忽覺疲乏異
常，且悲憤無端，不可排抑。泉兒出國在即，而不常來余
處，彼對余何必如此畏懼乎？十時後閱報畢，不能支坐，
登床小睡，至十二時卅分起。草草略進午餐，不知味也。
余今日殆有小病矣。餐畢閱四組呈件，六組批表各一疊
（與希聖商宣傳事）。承委座諭，發致孔（敬）電。公
展、力子來敘均未見。六時約立夫兄來詳談。七時十五分
晚餐，八時歸老鷹岩寓，對樂訓話。十一時寢。

7月25日　星期二　陰晴　八十九度

昨夜半以後涼爽，今晨四時卅分後大雨，至六時卅
分始止。七時起，補記日記畢，進早餐，九時動身下山。
十時到美專寓，閱報並作覆信若干件，閱四組送來呈件及
六組呈件，研究外交件，與吳次長通話。十一時往訪亮公
秘書長，談至十二時歸。力子先生來午餐，餐畢談參政會
及憲協會等件，二時別去。小睡至三時卅分起。致允默
函，附去誥誡樂兒之函。為中央日報向中信局貸款事函俞

鴻鈞理事。又作長函致唐組長，論宣傳之對策。函芷町準
備人身自由保障辦法實施之件。四時三刻動身，中途熱
甚，五時卅分到黃山，微覺疲勞。八時到官邸晚餐，餐畢
向委座報告各事，歸室後自誠來談。十一時寢。

7月26日　星期三　晴、下午大雷雨　九十五度

　　六時卅分起。昨晚睡尚佳，但屢醒耳。簽註亮疇先
生呈擬國際和平組織事「我國立場及對重要問題之態度」
一件，呈核閱。八時閱四組呈表，抽存一件，交參事室先
簽，餘送呈。九時委座約往老草房談話，報告各事，並
商談人事之件。對中央大學人選頗有產生不易之感。經
師尚不乏人，而人師則殊難其選也。侍坐卅分鐘而歸。
委座仍沉默不多言，然意態較閒定矣。招同縝來談。又
答覆批註四組若干件。午餐時文白、雪艇兩君來山，同
往官邸謁見。文白報告與林祖涵昨晚談話之經過。文白
告彼之語，義正而詞意周至，殊服其析理之精，持義之
謹。委座亦首肯焉。午餐畢，一時五十分退，兩君在余
室內小坐而去。雪艇攜去羅總統為接讀委座覆華萊士電
之覆電，將研究覆稿。小睡至三時三刻起。天熱而眼睛
燥痛。乃建來談，託攜去一函。發顧少川一電，又發私
函三緘，詢問工作函二件。四時卅分閱本日批表，五時搬
至新草房，與季陶同住。已而迅雷疾雨，雷聲之響，為本
年所未有，屋內為之震動。八時許到官邸晚餐，談至九時
歸室。與季陶談少年在學校時之往事，知其應試經過，及

在中學時遭受挫折，與余之經過絕相似。十一時就寢。

7 月 27 日　星期四　晴、甚熱　九十八度

　　七時起。睡眠充足，精神怡爽。處理公事八、九件後，即偕季陶去黃埆埡，候驪先之疾（患胃出血甚重，寓前同濟校長周君實家）。既至鎮上，知其居在山中，距鎮五里多，乃僱輿代步。途中林壑清幽，田疇茂美，為之神移。約卅分鐘抵周宅，則主人與驪先皆已回渝矣，賞其庭宇之雅靜，小坐三刻鐘而歸。返寓室以後，閱報及文件兩件。一時午餐。委座今日出席整軍會議，與各軍事長官會餐，余與季陶、緯國在山館另餐。餐畢談至二時卅分始午睡，四時乃起。天熱而眼睛枯燥作痛。鄒斅公、唐乃建來談。六時文白來談宣傳部之幼稚。與六弟、寒操、孝炎通電話，吃力之至。八時許晚餐，何總長同餐。夜與季陶長談，至十一時後就寢。

7 月 28 日　星期五　九十九度

　　六時卅分起。四組及主任辦公室送來文件，昨晚不暇閱看，今晨補辦之。八時季陶來辭別下山，又談約一小時許。此公本健談，今更叮嚀反覆，有老態矣。致梁、許部長一函、芸生一函，均論宣傳事。又批閱四弟來件，並致孫、王、袁編纂一函，不欲案上有積件也。一時午餐，餐畢熱甚，不能睡。今日為整軍會議第二天，委座親臨指導，二時始回邸休息。余尚未午睡也。服孟真送來之盧安

那二丸，始勉強睡一小時許。四時起後，天氣更熱，詢山下為九十九度，山中當在九十五度以上。辦發外交件兩件，閱本日之批表，函吳次長商新省特派員人選，又辦發魏大使關於宣傳之件。計發代電四件、電一件。八時卅分到官邸晚餐，在老草房侍談久之。九時卅分歸室，閱明年度施政方針。十一時寢。

7月29日　星期六　晴、熱甚　一百〇一度

六時卅分起。閱 *Life* 雜誌，白修德之專文，報告華事，至少有百分之卅為隔靴搔癢之談。我國際宣傳之無能，於此可見。而主管者仍無覺悟也。今日接顯光、虛白來函，尚嘵嘵自辯，覆一長函勸告之。閱中央、大公兩報關於延安考察之紀載。約自誠來談話，獲知整軍會議之情形。午餐後辦理四組來件數件。小睡至三時卅分醒。約聖芬來談，獎勵而策勉之。閱卅四年度施政方針一冊，核閱整軍會議中之指示講稿一厚帙，又為畢業生調查處修改其重擬呈送之訓詞。流汗工作至黃昏始止。然念委座對季陶所言布雷最勞苦之語，則又自愧無以副其實也。八時卅分到官邸晚餐，在老草房侍談久之。十一時寢。

7月30日　星期日　晴　一百〇二度

七時起。擬辦文件六件，八時卅分與周秘書略談後，即與自誠同車下山，渡江歸渝，視寒暑表已在九十七度以上矣。十一時羅貢華兄（將就任鄂民廳長）來談三十

分鐘。批閱公私函札二十緘。午餐時以泉、皋、皓、約、迪均在渝寓，甚為熱鬧。餐畢小睡，熱甚不得熟睡。枕席如沸，坐臥俱難。四時積卿姪女偕其婿郁永常並攜子來訪，甫自桂林來也。閱六組批表一疊，又呈件一疊，繼閱六組所送關於中共之材料一厚冊。晚餐後更熱，絕對不能作事。核改令稿一件，致兩調統局者。芷町來談，憤慨過度。作私函四緘，並閱報。十一時寢。

7月31日　星期一　上午晴、下午陰有雷雨　九十七度（八十七度）

六時三刻起。盥洗畢，略進早餐，即至國府參加紀念週。張文白部長報告青年團之現況，分組織、宣傳、訓練、服務四點，報告甚詳，而詞調抑揚，絕不冗蔓，約卅五分鐘完畢。委座今日約見劉尚清副院長。九時舉行國防最高委員會一四一次常會，委員長主席，討論要案七件、例案十三件，均分別通過。十時十五分散會，歸美專街寓。寒暑表熱度漸昇，已在九十五、六度之間矣。新任鄂省府秘書長王原一君來訪，談三刻鐘。王君湘陰人也。旋羅剛同志來訪，與談宣傳部方面之事，余之言語太激直，恐有失言，後當慎之。十一時一刻徐可亭君來，談國民參政會審議國家概算之利弊，分析精詳，其見解可佩。十二時午餐，餐畢熱甚，遂動身赴老鷹岩休憩。一到山寓，即感清涼，然無睡意，但亦倦怠不能作事，殆旬日來冒暑工作之反應歟？閱鄒海濱君「少年時之回顧」一書，消遣而

已。渝市大雷狂風暴雨，損房屋拔樹木，且有死傷者。五時後有狂風，下雷雨而不大，然氣候更涼矣。攜來六組件三件，昨已略閱一過，今日再閱，仍無解決辦法，均關於宣傳與情報方面之計劃也。不欲強費腦力，暫且置之。游行田圃間一周而歸。晚餐食糯米粥，與家人閒談。十時就寢。

8月1日　星期二　晴　九十三度

七時起。今日林故主席逝世一週年紀念，八時在墓地舉行公祭。委座親臨主祭，鼎丞、溥泉、覺生、海濱四君陪祭，與祭者約八十人。禮畢回寓。閱第六組送來各件，皆屬與宣傳有關者。其中一案未能決定，且送還之。九時五十分動身，十時卅分到美專寓。閱公私函稿三件，六組呈件一疊。袁同疇來訪未接晤。為邀約各委員上山事又忙碌一小時餘。閱定四組呈件兩疊十二件。午餐後與泉兒、細兒、憐兒及六弟等談話，四弟今日有小恙。午睡約四、五十分鐘起。約希聖來談，告以近日在宣傳上應注意之事項。五時與季陶同上黃山，六時到達，寓新草房側之樓房東屋後室。旋鐵城來，同至官邸晚餐，談一小時歸。又在月下坐談，至十一時十分寢。

8月2日　星期三　晴　九十九度

七時起。昨晚屢醒，睡不佳。盥洗甫畢，季陶、鐵城來談，再閱施政方針及計劃綱領案。今日在山中召集卅四年度施政方針審查會，到戴、居（于、孫院長未到）、稚、溥（果未到）、鐵、疇、俠、翼、雪、堪、敬之、自明、厲生及余十四人。九時起諸君陸續自渝來，十時開會，委座親臨主席，十二時十五分畢。稍息後午餐，餐畢與公俠、天翼、厲生、雪艇諸人談話，小睡至三時起。擬辦賀史迪威升任上將之電，後用委座親擬稿發出。三時卅分接續開會，六時卅分審議完畢。與亮公談譯事。今晚

稚、溥兩公留宿。月光甚明，委座略坐即去。似心中有
事，余陪諸君談至十一時寢。

8月3日　星期四　晴　九十八度

六時卅分起。今日較昨日為熱。七時卅分陪同稚公
等早餐，談話久之。閱四組送來文件二件。九時卅分往謁
委座，命辦理兩事，即傳達之。在庭中聽稚公談音韵之
學，甚多聞所未聞者。午餐時委座亦來談，觀其意態，若
有沉憂者然。餐畢閱報，午睡至四時許始起。調省吾上山
工作，遣陶副官下山。五時委座來，與稚公等談話，稚公
健談凡一小時餘而畢。閱星二呈表之批件。陪同稚公、溥
泉、季陶出外散步。途中稚公為講述其研究宇宙觀與人生
觀之結論，謂人生應包含五部分：

　　（一）承先；
　　（二）啟後；
　　（三）適當（指生活言）；
　　（四）取義；
　　（五）正命（盡命不惑是為「懸解」）。

八時歸，八時卅分晚餐，有大風。晚與稚公等談本
黨之前途。十時歸室，十一時寢。

8月4日　星期五　晴　九十六度

七時起。昨晚仍屢醒而多夢，精神不甚佳。七時卅
分早餐後，閱表件三件。熊醫官來為余打針（七月十三至

二十日注射NH六針，二十六、七、八，注射三針，此次
上山又注射三針），此三星期中注射 N‧H 十二針。閱報
知衡陽極危急。九時敬公來山，今日續開整軍會議。午餐
時蔚文、天翼、樵峯、慕尹等均來談話。午餐後與敬之、
季陶兩君談話。敬之口中略有倦勤之意，余等慰勸之。午
睡至三時卅分醒。眼睛枯燥作痛。季陶以有恆夫人之遺墨
手跡（手寫華嚴淨行品），囑為題跋，為題數語，述宣統
三年及民國二十年之舊事，從其意也。閱孔副院長來電，
又閱批表十六件。八時晚餐，餐畢月白風清，與委座及諸
公在庭中坐月，聽稚公談歷史，直至十時半歸寢。

8月5日　星期六　晴、悶熱　九十五度

　　七時起。早餐畢後，稚暉、溥泉兩先生下山，委座
親來送行，其禮數周到極矣。季陶與余長談一小時，並以
致沈宗濂電囑余代發，囑其清淨慎密，以無功為功，安邊
定遠，宜如此也。九時季陶去，託攜致亮疇先生一函。與
吳次長國楨通長途電話，商華府會議代表事。十時卅分移
寓於雲棲草堂，戴君雨農來詳談約一小時。十二時卅分，
到官邸午餐，餐畢奉諭擬電稿，致史迪威賀密芝那之收
復。二時卅分小睡，四時醒。有喉腫且傷風，山中悶熱異
常，詢山下則僅九十五度耳。傍晚隨委座散步於郊外，八
時晚餐。餐畢略談即辭別回寓室。奉諭二十六年下半年日
記至卅年者可拆閱錄副本。十時卅分寢。

8月6日　星期日　晴　九十四度

六時卅分起。校改四日對整軍會議指示一篇，閱各報及參考消息。致王芸生一函，囑其撰文時應注意勿為敵方所引用作宣傳材料。十時卅分戴雨農君來訪，復與之詳談各機關，尤其憲、警、警校等同心一德之必要，約一小時去。午餐時委座告我，羅斯福近日當已與斯大林會晤矣。餐畢閱批表。傷風未癒，鼻腔發炎。小睡至四時起。五時動身下山，六時前到美專寓。閱四組呈件六件、六組批表一疊，計十八件。芷町來談。晚餐後乃建來談整軍會議及其他。十一時就寢。

8月7日　星期一　晴　九十三度

七時起。草草盥洗進食畢，到國府參加紀念週。今日重慶市黨部委員就職，力子先生監誓，總裁訓詞，八時三刻禮成。與亮疇、雪艇入見委座，並與兩君及宋外長商加派代表事。十時歸寓，傷風未已，疲勞不可支，且頭痛骨痛，吳麟孫、朱仰高來測熱，為三十七度二。午飯食粥兩碗，小睡起，更覺不舒。閱王雲五君訪英日記一冊，此君強健可羨也。傍晚接芸生覆函。委座交下孔君為商討對美幣值之來電，無力辦理。夜芷町、滄波來談甚久。十時就寢。十一時入睡。

8月8日　星期二　晴　九十八度

六時二十分起。昨晚傷風未癒，骨節疼痛，終宵未

得好睡。晨起辦發孔副院長庚電，及庚一、庚二電。致屬
生函，為中大校長事。又閱文白等覆林之函稿。九時五十
分往訪稚公，邀其同上黃山，彼允下週再同行。十時卅分
到行政院，謁委座，並與屬生談話。十一時至曾家岩與文
白、雪艇同時晉見，十一時卅分歸寓。今日鼻涕略止，而
轉為咳嗽。午餐後天熱甚，閱報及參考消息與四組件。小
睡至四時起。傷風更劇，似仍有微熱者。約季高、仰高來
診疾，謂咳嗽不可驟止，當俟四、五天後自然痊癒。五時
一刻動身去黃山，六時到達，途中閱日記，到後以二十八
年委座日記交金書記繕副本。八時到官邸晚餐，知衡陽失
陷，覽方軍長來電，不禁慨然。歸室洗澡，十時就寢。

8月9日　星期三　陰、有微雨　七十五度

七時起。昨夜通宵骨節作痛，頭腦脹痛，咳嗽較
劇，想有微熱也。起床以後，咳嗽更甚，氣管支作痛，殆
由鼻腔炎而轉為支氣管炎矣。昨晚刮風，天氣驟涼，氣溫
低下二十餘度。呈上文白、雪艇覆林伯渠函稿，夜奉諭可
發。又上簽呈二件，均關於赴美參加商討和平機構之人
事，仍照雪艇等意見加入浦薛鳳、張子纓、朱世明為專門
委員。為委座擬手啟電稿一紙，引方軍長先覺誓死報國之
語以激屬軍心。午前呈核。十二時卅分到官邸午餐，略談
即歸。小睡直至五時許始起，甚矣其憊也。閱四組呈件四
件、批表十八件，又內政部兩件，並奉核定手啟電稿，俟
確知方軍長生死時發出。晚餐時委座沉默異常，略談黨國

前途之觀察。歸與唐組長通話。九時五十分服藥就寢。

8月10日　星期四　陰　七十三度

八時起。與宋部長通電話，商浦薛鳳、張忠紱任專門委員赴美出席事，彼言同意，即發出代電稿。閱報二份，參考消息及外交電八件。今日咳嗽稍止，然疲乏無力，胸臆脹悶煩懣，為數日來所未有。小坐即覺不能支持，語言亦無氣力，殊不能何故。上午吳醫來診，謂未發熱，然余自覺必有微熱也。午後小睡近三小時，猶貪睡不能起，洵未有之疲乏矣。傍晚勉強處理文件，改定初中國文「蔣主席」課文一篇。四弟文字非不用心，而剪裁工夫太缺乏，此與其性情有關，不能勉強也。傍晚怯寒，加衣乃暖。八時到官邸用餐，餐畢侍談二十分鐘。回寓後精神稍佳，辦函電四件，簽註一件。事畢已十時卅分，乃寢。

8月11日　星期五　晴　七十二度

七時起。連日有便秘之象，昨晚服Allophon二丸，今晨亦無效也。又感頭痛，甚乏力。近日寫字手指手腕又作僵痛。昨夜精神較佳，以為病癒矣，而實未也。閱山下送來之各件，發致蔣夫人一電，摘告共黨提出之十二件。委座為衡陽守軍殉國激勉全國將士電，本擬不發，今日仍索去修改，謂將拍發，下午六時送蔚文主任辦。旁午接賀恩十日轉來之羅總統電，對史事仍堅持緊催。委座閱之不怡。中午委座見朱一民長官，談新事。午餐後辦發函電二

件畢，小睡直至四時始醒。閱本日批表十二件，又承委座
面囑擬致羅斯福之覆電，七時呈核。接鐵城之電話及滄波
等來信數件。八時到官邸，與一民侍委座晚餐。發致吳達
詮電。九時卅分由官邸退出，至一民處坐談一小時餘。
十一時卅分歸，即寢。

8 月 12 日　星期六　晴　八十四度

　　七時卅五分起。連日疲乏，嗜睡異常，週身無力，
甚似大病之後，不可解也。齒部略有炎腫。早餐後委座約
往談新疆省事，旋奉核改發下致孔副院長轉羅斯福電，於
午刻交周秘書發出之。核閱外交電及四組件數件，草擬前
敵總司令職權等件，並紀錄委座昨日面諭之言，備磋商研
究。旋奉諭與何總長商談，乃另錄一份，於十二時卅分軍
事會報以前面送何總長焉。一時在室內午餐，餐畢小睡。
二時公洽來談，為之驚起。詢之，乃為葛湛儀君之事（擬
薦其在考核會工作）。以疲甚，仍小休。三時與吳達詮主
席通長途電話。四時屬生、文白、立夫等陸續來山，旋果
夫亦到。五時往謁委座。適值接見吳禮卿先生，侍坐三刻
鐘，送禮卿至門首而別。今日委座特約果、立、屬、文四
人來山，討論加強黨務。六時在庭院中圍坐，委座有極痛
切之訓話，達一小時餘。八時到官邸會餐，九時後開始與
四君會談。至十二時卅分寢。

8月13日　星期日　晴　八十八度

　　晨倦極，直至七時卅分起，猶極勉強也。閱英國對世界安全機構提案等各件，簽擬呈核。八時委座約往談話，詢昨晚商談情形。八時三刻回室，與果、立二兄及文白、厲生繼續商談加強黨務之方案，立夫、文白有共同意見五項，眾以為可。十時委座約往新草房，聽余等面述，直至十二時始畢。奉諭應照此繼續研討。一時午餐，晤孫蔚如總司令、鄭洞國軍長。二時卅分果夫來略談。小睡至四時卅分。吳特派員澤湘來談，忽接迪化來電，盛督辦又有逮捕軍政高級人員（十一日晚事）之舉動，此真匪夷所思，其罪案仍謂陰謀暴動也。即往謁委座，略陳所見。委座約朱長官上山來商，余以有事七時動身，偕省吾過江歸渝。念邊事、外交，憂思無已。晚飯後閱四組件八件。徐柏園來訪。十時卅分寢。

8月14日　星期一　晴　八十七度

　　七時卅分起。匆匆早餐畢，即往國府參加紀念週。由謝部長冠生報告，八時三刻禮成。與梁部長均默談話。九時一刻舉行國防最高委員會一四三次常會，通過卅四年度施政方針。十時三刻散會歸寓後，閱函電數件。十一時卅分到官邸，會談新疆之事（戴、何、朱、林）。下午仍遣朱長官去迪，承命先發電告之。午餐畢，六弟、泉、皋兩兒來談。午餐後小睡起，浦逖生、張忠紱、謝冠生、程滄波先後來訪。諸人去後，唯果來談。周秘書送來一電，

簽註送還。又核轉王亮疇先生對於補充我方基本態度與立場一件。今日工作之忙，竟至無暇晚餐。餐畢往訪亮疇先生，談卅分鐘。與吳次長等通電話。芷町來談。十一時許而力子先生尚來詳談。十二時後就寢。

8月15日　星期二　晴　九十四度

五時餘即醒。雖服藥而睡不酣，延遲至七時卅分起。今日當為此旬日來最難受之一天，週身疲乏，毫無精神，且經常流汗，怕熱異常。向午測熱則為三十六度九。八時唐組長乃建兄來談情報宣傳及情報與調查組織之意見。九時卅分往監察院訪劉副院長，略談即歸。十時卅分亮疇先生來訪。十一時後疲軟無力。十二時顧一樵君來訪（新任中央大學校長），酬對間，有言之過於切直之處。午餐後閱顧君所著小說，身體疲乏，憚於行動，決定今日不上山，以電話報告委座。委座勉允之。細、憐兩女及泉兒夫婦來談。四時後入睡半小時起。食南瓜餅而甘之，細兒之製品也。傍晚滄波又來談，對于先生事覺甚難挽回。夜梁均默來談，揮汗陪之。與兒女納涼，十二時寢。

8月16日　星期三　晴　九十八度

七時三刻起。今日天氣似較昨日更熱，而余之小病亦未癒，疲乏而頭略痛，且畏熱異常。作致保君建、魏伯聰、徐公肅等各函，交泉兒攜去，託彼等照料並指導。又辦發函電數件，處理四組件及外交件。以羅志希電呈閱，

復閱六組批表一疊。九時卅分離美專街過江，候渡船（以
車渡江）半小時。十一時到達山中，即覺清涼。馮煥章先
生住山上，往訪未遇。十二時一刻同在官邸午餐，餐畢到
煥章先生處坐談一小時餘。二時卅分後午睡，至四時卅分
起。接孔先生寒電，委座有批示，與昨有出入，簽呈意
見。旋奉批，仍以顧大使為首席代表。五時梁均默君來，
與之同至官邸。旋偕同下山，至新草舍。委座來談，晚餐
後委座亦來納涼，聽馮先生談故事，極有意致。與均默談
宣傳事。十二時卅分歸寢。

8月17日　星期四　晴　九十九度

七時五十分始起，疲乏不振極矣。往草舍視均默，
知已到官邸，乃同往敘談，陪之下山，到雲棲草堂余室
內小坐，九時卅分別去。十時卅分周惺甫部長來談約一
小時，余之工作為之耽延。客去後，辦函電三件，覺有
微熱，延醫測之為三十七度。十二時卅分到官邸午餐，
呈上羅志希來密電三件。蔚文主任亦同餐，餐畢商談新
省之事，約至余室談一小時而別。小睡至四時醒，睡眠
已足，但忽添新病，患水瀉數次。瀉不甚暢，仍照常工
作。委座約往散步，未暇應命也。煥章先生來訪。八時
卅分到官邸晚餐，餐畢同下至草舍庭院中納涼，聽馮將
軍談灤洲起義之往事。旋委座先行，余又留談一小時
許。十時卅分歸寢。

8月18日　星期五　晴　九十九度

七時卅分起。昨晚水瀉兩次，今晨又瀉一次。延熊醫、吳醫來診，均謂無妨，另投收斂劑，尋亦稍癒矣。八時卅分往雲峰，訪劉為章次長，彼在此養病匝月，明日將下山矣。簽擬顧一樵校長呈件，並其他呈件兩件。今日又開整軍會議結束會議，委座親臨訓話，一時始將議程完畢。余在私室進餐，閱報二份及希聖對中國經濟學說之報告。今日精神似稍佳，作致泉兒一函。傍晚翁部長來山，前往敘談。隨委座同出散步半小時。八時晚餐得盟軍入巴黎之訊。夜納涼閒話，邀詠霓來余室談話一小時許。又核辦呈件三件。十一時卅分寢。

8月19日　星期六　晴　九十九度

七時起。昨晚睡眠較佳。七時五十分與詠霓同謁委座。詠霓去後，並與委座商酌覆魏大使電。以魏大使前接部電，譯意欠明，已向美方宣佈任首席代表，魏來電有不出席意。覆電告以一同出席。委座並特囑研究其對於特種宣傳之件。擬發動中立報紙撰論文，揭穿敵人造謠，中傷中美感情之陰謀。九時卅分歸雲棲草堂，已流汗不止。辦發對外各電，並閱第四組批表等件。正在工作，而馮煥章先生來談，所談者大抵如何得民心得軍心，以及領袖應與幹部多多接觸等意。彼極健談，費一小時。十二時卅分到官邸午餐，見委座今日容色，仍極不怡。餐畢下山，到煥章處小坐而歸室午睡，直至四時許始醒。桌上文件尚堆

疊，一一抄辦之。又辦發致顧使一電。六時由黃山動身下山過江歸渝。七時卅分抵美專寓，泉兒來謁別。晚餐後送出呈件兩件。與四弟等納涼閒談。十一時服藥就寢。

8月20日　星期日　晴　九十九度

晨四時即醒。四時卅分泉兒起程赴美，余未起床，皋、細、憐送至機場，聽車聲行後，不覺又入睡，直至九時許起。委座囑緯國來電話，詢今日上山否。旋又囑轉約諸友上山。上午與四弟處理各方函電稿，閱六組批表兩件，發函六、七緘，留致希聖一函。天熱腦脹，幾不復能作事。午餐後小睡至三時起，辦發致孔（未智）一電。為修改對重要問題立場第（五）款下加入一句，並知會外交部。四時一刻起程赴黃山，五時十分到達。今日下午鐵城、天翼、文白、雪艇、均默均應召來山，往與敘談。六時委座亦來新草房前，圍坐敘談。對國際宣傳及闢除中共宣傳，重複有所指示。梁、王、張、熊、吳各發表意見甚多，余但言人力與資料皆須充實而已。天更熱。八時到官邸晚餐，蔚文、詠霓亦與焉。餐畢又談二十分鐘，諸君均下山，余今日身心疲乏，而情緒亦不佳，焦憂苦悶。十時卅分歸室，十一時寢。

8月21日　星期一　晴　九十四度

清晨三、四時許下雨一小時，天氣轉涼，睡至七時一刻起。以疲勞，故未下山參加紀念週。吳醫知我病未

癒，又來診視，力勸余夜間不作事，不用腦，談卅分鐘而去。上午閱報兩份，並處理呈件六、七件。事務較閒，精神尚佳。與四弟及芷町各通電話一次。發函三緘。十二時卅分到官邸午餐，向委座報告數事：

（一）進行特種宣傳之困難；

（二）對此次參政會集會之準備；

（三）擬由委座電促右公速歸。

一時歸室，承賜美金二千元，決暫存置之。午睡至三時醒，接魏大使覆電及孔電，發于電，並發致岳軍一電。與志希通電話，知其由迪化歸渝，即報告委座，今日約見之。五時卅分往訪朱一民長官，談新疆近事，深感處理不易。六時餘志希來山詳談一切。八時到新草房晚餐，委座亦來，飯後會談，志希發言甚多，委座聽之，至九時卅分始歸去。余與蔚文、一民、志希留談，至十一時卅分始歸室，覆滄波信，十二時寢。

8月22日　星期二　晴　九十五度

七時三刻始起。晨眠甚酣，遲起成習矣。委座約往一民處談話，以盛來函及軍事件分交余及蔚文，核閱即下山，主持行政院會議。余即在一民室內詳閱盛氏十九日發親筆函及十二日所捕各人供詞。十時卅分攜回居室，再加整理。盛之多疑，殊堪訝異也。閱報並處理函札數件。十二時偕志希奉謁委座，談十五分鐘午餐。餐畢偕志希返室，談本黨前途及教育界情形，四時許始別。小睡不覺熟

睡。六時詠霓來訪，以林繼庸件示之。七時與之外出散
步。八時到官邸晚餐。餐畢略談。委座九時回，余等談至
十一時散。閱四、五組送來呈件約七、八件，未暇處理。
十二時寢。

8月23日　星期三　晴　九十七度

八時起。閱山下送來各件及四組之呈件，即分別簽
擬送呈之。六組送來一件，只得暫置之，以須待研究也。
閱大公報及外交電，亦殊匆匆。繼續研究朱長官攜來之文
件，覺無特殊之點。讀朱執信「兵的改造」一文。午前讀
書作事，約四小時，頗感疲乏。宏濤來談。十二時卅分到
官邸午餐，奉交下致果夫手諭一件，又交下中國、中央外
匯總賬及中信局兵工儲料數目封固件一件，命余保存。午
餐後二時小睡，至四時始醒。閱批表，其時四、五兩組各
件絡繹而至。發函七緘、電一件，並簽擬他件，伏案工
作，至七時始畢。七時卅分到官邸晚餐，餐畢侍委座觀
「中國抗戰」電影片及新聞片。十時畢。十時回室以後，
接羅覆電，研究甚久。十二時寢。

8月24日　星期四　晴　九十五度

七時卅分起。委座約往談話，研究羅總統覆電，為
改正譯文兩語，談卅分鐘而退。閱報及四、五兩組送來各
件，以黨務方案交金組員繕寫，並呈送孔、商二人來電
（下午奉批下）。十一時五十分到草房大樓下，出席情報

會議。到林、俞、唐、戴、介民、徐、建中、張鎮、胡天鶴各人均有意見發表，委座綜合指示。一時卅分午餐，與蔚文、乃建略談後，二時卅分歸室。寄允默一函，小睡至四時許起。吳、果、立、厲、文、寒操偕同來山，天翼後至亦參加焉。四時卅分會商吳秘書長擬呈之黨務改進意見及健全黨的組織之意見（立夫起草）。由吳主席前案修正後交吳秘書長攜去，分別交各部會注意，並擬辦法提案，修正後呈委座核示。七時卅分到官邸晚餐，餐畢談商約一小時，仍回新草房，與諸君研究新事。十一時十分回，閱四組件，十二時卅分寢。

8月25日　星期五　晴　九十四度

　　七時起。抄錄要件，分交鐵、果、文白。又為寒操核閱馬星野處長所簽擬關於特種宣傳之件，酌簽意見而歸還之。七時五十分往新草房，與諸君晤談。厲生昨晚嘔吐發熱，今晨已痊癒，殊為欣慰。八時委座來，與余等七人敘談於廊下，圍坐而談。吳秘書長與梁部長就本屆參政會開會事各有意見發表，大致主張自動提高參政會之職權。寒操並謂總理崇尚適者生存之學說，故吾人當適應潮流，以求民權主義提早實現。委座指示謂，吾人正應認清時代，並認清吾黨在此時代所負之責任，所謂適應，決非遷就之謂也。若吾人不堅定立場，負起責任，遇事皆無主宰，則精神一失，黨必失敗。吾黨失敗，則國家不可復振矣。愈在危險困苦艱難之際，愈應堅貞卓立，「窮且益

堅」也。言下慨然，旋即去治他事。余等乃進早餐，餐畢，諸君歸去，屬生留談一小時餘，其見解多可敬服者，十時一刻始去。今日續開整軍會議。十二時乃建來，略談。上午處理文件三件，十二時卅分午餐畢，小睡至三時始醒。濃雲在空，然有風而無雨，如此者已三日矣。為外交部請示Fisher去陝北護照事，奉諭可准。四時後整理昨日會談之紀錄，並理四組件。閱參考消息。五時卅分往視朱一民君，觀天翼、文白下圍棋，旋徐恩曾君來，邀其至余處小坐，略告以新疆事之概略。八時同至官邸晚餐，煥章先生亦來同餐。餐畢略談，偕恩曾同至余室，以盛來件交閱焉。處理四組件五件，又十件。十一時就寢。

8月26日　星期六　晴、下午陰　九十四度

七時卅分起。昨夜少睡，睡中多夢，近日心緒鬱結，無從容之象，神經又趨衰弱矣。恩曾兄來談，約一小時而去。閱本日各報，處理四組件五件。十時後閱陶、王兩君所擬要點，研究參政會開會詞之內容，未有結果。十二時十五分到官邸，與吳禮卿先生等午餐。餐畢略談，退至一民處，同商新省府人選，決定電話催詢果夫。四時委座約往談，退擬覆盛晉庸之信稿，與一民斟酌後，於六時呈核。八時到官邸晚餐，到盛教育長、汪參謀長鳳藻、彭貴楨、吳澤湘等。餐畢已將九時，委座命稍留，對人事之件有所諭示。回室後簽擬四組關於黨務事一件。覺疲乏不能用腦。四弟寄來各件，略閱之。十一時寢。

8月27日　星期日　晴　九十六度

七時起。八時卅分委座約往新草堂談話。朱長官一民將行，送之至門首而別。歸室後，檢中國經濟學說陶希聖君之報告，並加簽送交周宏濤君待呈。九時卅分訪煥章先生，並與何總長略談。十時孫哲生院長來，陪同上雲岫官邸，接談約一小時許。十一時開中訓團學員督導委員會議，到戴、何、白、吳、厲、洽、果諸人，開會約一小時五十分鐘。委座有指示，旋即午餐。餐畢與季陶、雪艇談話。厲生來我室談一小時。三時後合眼稍息，四時再奉約往官邸商人事件。徐恩曾君派王大光來訪，未見。五時動身下山歸渝，途中晤顯光。六時十五分到達，閱函件，六組批表及呈件等。夜劉副院長來訪。十一時寢。

8月28日　星期一　晴　九十九度

五時餘即醒，六時卅分起。七時沈部長成章來，與之談人事更動事。委座擬另畀以職務，而任盛世才為農林部長，彼甚諒解，謂如此較為妥善。七時四十分到國府，與居、戴、厲生及魏文官長先後談話。八時參加紀念週，由馮委員煥章報告在川省號召獻金之經過，其語意深入顯出，明白曉暢而動人，實通俗宣傳第一流好手，惜乎黨內不多得也。八時三刻禮成，到委座處報告各事，及監察院副院長出國後代理問題，應有決定。匆匆退出，九時十分舉行國防會一四三次常會，議決例案及法律案外，並議決：

（一）盛世才辭本兼各職照准，任命吳忠信為新省主
　　　席，未到前，派朱紹良兼代；

（二）特任盛世才為農林部長；

（三）新疆邊防督辦公署裁撤，軍隊歸軍委會直轄。

　　十時三刻會畢，為徐恩曾所切囑之事，與鐵城、屬
生兩君同見委座一次。又為監院事，會同文官長請示，奉
諭緩定。十一時歸寓。批閱一週來之業務。午餐後，芷町
又留談若干時而去。頭腦昏脹作痛，不耐暑熱。作覆函三
緘，思小睡而身不能貼枕蓆，實未睡熟也。委座催往黃
山，乃以四時成行，渡頭候舟，遇莫柳忱先生，談話久
之。五時卅分抵黃山，旋即至官邸。委座出示孔副院長
（有四）電，對美國態度，就羅孔談話看來，似有咄咄迫
人之感。委座考慮太深，余為力解之，旋辭出。七時隨委
座外出散步，稍有涼風，四十分鐘後歸。八時到官邸晚
餐，餐畢仍續論盟邦對我態度，余終覺委座憤慨過甚。九
時卅分回，十時卅分寢。

8月29日　星期二　晴　九十九度

　　七時十五分起。委座約往談話，約四十分鐘。其對
外交情勢，憂思未免過深。八時十分委座下山，去參加總
動員會議，余留山中，對某案思索甚久，一再分析，終以
乃此時只有積極與忍耐之二道方可渡此危局也。閱中央日
報及大公報，知法京巴黎已克復，歐洲充滿一團喜悅興奮
之氣，獨我國戰場上黯淡艱苦，乃安得不使最高統帥憂慨

乎。致胡、王兩君函未邀其明日上山。又致四弟等各函，索參考件。十二時十分到官邸午餐，餐畢侍談，以上午所思考者面報委座。委座仍謂，此外交上之煩悶不打破，則中美無法合作，亦於我抗戰建國之方針相背也。一時退，衷心繁憂如焚。今日山中天時轉熱，室內達九十三度以上，重慶之熱更可想矣。四時許起，處理四組件三件，又寄發天翼、屬生、詠霓三君參考件，研究前屆參政會開會詞。六時隨委座外出散步，一小時歸。鐵城先生來，以與委座同至桂堂見之。八時到官邸晚餐，餐畢又回桂堂，院前納涼閒談。今晚敵機襲擊梁山，聞投彈十餘次云。九時卅分與鐵公閒談各事，並商對外宣傳，歸室辦外交件一件。洗澡後十一時就寢。

8 月 30 日　星期三　陰、夜雨　上午九十五度（下午八十五度）

七時起。五時卅分即醒，昨睡未熟也。往訪鐵城兩次。委座於九時進城，處理運輸部隊二十九團新兵事，為整理兵役也。余留山中，為某事與四組陳組長、六組唐組長通電話，又處理山下送來之件六、七件，腦脹頭痛，作事心煩。十一時卅分政之、芸生兩君來訪。十二時周秘書惺甫來談十五分鐘，匆匆未能接待。十二時卅分偕胡、王兩君到官邸謁談午餐。餐畢已一時卅分，委座留兩君在此小住，芸生亦頗樂此環境，遂留其在桂堂住宿，談國際局勢與戰局，至三時三刻始歸室。疲勞緊張，不能入睡，姑

合眼小憩。甫欲入睡，而雪艇來。其時陰雲四合，天氣驟涼，加衣後與之談話，時感手掌及兩頰甚熱。至七時卅分雪艇先上官邸，余竟有發熱之感，仍強往胡、王兩君處，勉強陪至官邸晚餐，幾至步履惟艱，疲極矣。九時下山，接電話三次。十時雪艇來談一小時餘。十一時寢。

8月31日　星期四　上午雨、下午陰　八十度

昨晚睡較佳，今晨六時卅分醒，七時起。盥洗畢，往桂堂陪客早餐。八時委座亦來談，九時送別胡、王兩君回室。與雪艇共閱林祖涵卅日之覆函。出詞狂悖，其欺凌中央可謂至矣。十時卅分再偕雪艇到官邸侍談。委座對參政會等事有所指示。十一時卅分與雪艇退歸余室，以舊日記七月、八月與羅總統來往電稿與之，共閱研究。十二時卅分同上官邸午餐。孫蔚如、郭寄嶠兩君同餐，餐畢已將二時。送雪艇下山後，與吳次長通電話。小睡至四時醒。處理四、五、六組文件八件，閱批表，自誠來談一小時。傍晚隨委座散步至桂堂小坐。八時到官邸晚餐，餐畢至老草房侍談卅分鐘。十一時寢。

9月1日　星期五　陰　八十一度

　　晨七時。昨晚睡眠不甚酣（當以LUM效力較遜之故）今日精神亦不及昨日之暢健矣。四、五組送來文件約十件，一一處辦之。並作覆函數緘，意欲料理清楚，以後可一心準備參政會開會詞也。然僅此種種處理，亦直至十一時以後始完畢。十二時卅分到官邸午餐，坐待甚久，回室已二時矣。略一午睡，直至三時後始醒。四時召集經濟方面之準備會議，為納爾遜來華時討論之依據。何、宋、曾、翁各部長及張厲生、熊天翼、王雪艇均參加，芷町亦來列席，到余室坐談兩次，約四十分鐘，摘錄要點，並閱各友送來之參考件，構思甚苦，而迄無成。外出散步卅分鐘。勉強草成一張。八時到官邸晚餐，侍談卅分鐘。九時十分歸，實疲極，不能作事。十時卅分就寢。

9月2日　星期六　雨　七十八度

　　六時五十分起。閱四組、五組來件四件及參考消息畢，七時卅分開始繼續撰寫參政會開會詞。詞意複雜，欲將口授要旨悉數插入，殊覺文字組織安排之不易。隨寫隨即交繕，草率不暇整理。至十二時午餐，稍息十分鐘，又續寫達一時卅分完稿。全文長五千言以上，寫畢手腕為之作痛。二時卅分就床小憩，未入睡。今日上、下午均有雨，天氣更涼。四時五十分全文繕竟，校正呈閱。至此始有時間讀今日之報紙。又核四組件及批文共五件。傍晚吳麟孫君來談。八時到官邸晚餐。歸室後發

函數緘。十一時寢。

9月3日　星期日　陰晴　七十九度

七時起。整理昨晚所擬健全黨的組織意見書之實施辦法，以備提交討論。又披閱四、五組來件共四件。聞委座將下山，余亦整備收拾各件，短期內擬不上山矣。九時卅分委座約談，交下開幕詞稿，命再整理補充。謂須改易次序，應命而退。十時動身渡江歸渝，已十時四十分矣。十一時到官邸，與立、厲、文、鐵討論黨務辦法，十二時卅分委座始來，閱後交立夫再研究。旋即午餐，鐵公與文伯報告甚冗長，余傍坐聽之，甚覺疲倦。二時始歸，小睡至三時卅分起。念開幕詞若拆開再拼湊，即與重撰無異，心甚煩悶。最後往請示，奉諭次序不改，仍須補充。其時腦筋脹痛，以車至復興關，週遊而歸。唯果、芷町、乃建先後來談。並理四組件六件。九時後修改文字，十一時卅分畢事。十二時就寢。

9月4日　星期一　雨　七十六度

七時起。頭暈不止，遂未參加紀念週，在寓將已修改之文字複閱後送呈。嗣知委座今日見客甚多，上午必無暇閱核也。九時卅分周惺甫先生來談，乃余去函相約者。談人事意見約卅分鐘去。今日稍理函件而外，僅與四弟、六弟等談話，未作他事。十二時奉召到官邸，陪同青年團諸君午餐，由各單位報告團務進展情形，委座有訓詞，歷

二小時始散。回寓後小睡至四時。待委座核定稿，久不至
心甚焦急，以時間不及也。至八時，奉召往，又坐待卅分
鐘，始蒙改定交下。核改之處太多，又電話三次指示，今
日余真不能再加詳酌，但仍為耐心整理，似覺反涉支離，
不勝嘆息。十二時卅分畢，二時寢。

9月5日　星期二　雨　七十六度

　　昨晚至三時許始入睡，且睡不酣。七時許勉強起
床，頭腦昏沉。委座來電話，囑咐開會詞再加一段。八時
親自送呈，並報告意見。九時到參政會與雪艇、力子先見
委座，旋參加開幕禮，張伯苓主席，林虎答詞。委座以國
府主席資格致詞。十時卅分禮成，再謁委座，略談後歸
寓。疲甚，實不能支，兩次強睡，均未成眠。午餐時食而
無味。二時三刻起，三時到堯廬，開甲種會報，到戴、
宣、鄭、顧（建中）、張（鎮）、徐局長諸人，交換意見
並討論兩案，至五時卅分散。歸寓後，鐵城來談卅分鐘，
為國外輿論謬傳之事也。七時卅分到官邸晚餐，宴主席
團，九時一刻歸。閱四組件六件，與希聖詳談現勢。十一
時就寢。

9月6日　星期三　陰晴　七十七度

　　晨七時起（昨晚睡眠不佳）。以近來精力疲勞，實
不堪強忍紛繁，故昨晚面請准假兩天，稍作休息。今晨將
所有積存信件處理，發函四緘，並閱本日各報（新華日報

之論調果不出余昨與希聖談話所預料）。十時事畢，攜
嚴尚友同行，十一時以前抵山洞，游行田野間，意態較
為閒適。午餐時食雞汁一碗，下午小睡約兩小時，服高
麗參一杯，與允默談一個月來之工作情形。今日上午已
晴霽，而下午又陰。傍晚攜憐兒到會議廳前散步，至林
故主席墓前視工程，遇鄧亞魂君，略談歸。夜與家人閒
話。十時就寢。

9月7日　星期四　雨　七十四度

七時卅分起。山中寂靜，今日睡眠較充足矣。此來
決心休息，故不看書，亦不作事。十時雨稍霽，往訪楚傖
先生於其家，短衣踞胡床上，聞而出迎，真似山中人也。
與之談話，不免涉及時局與本黨內部情形。值大雨，乃多
談一刻，回來已十一時餘矣。午餐後小睡至三時，仍貪
睡，直至四時一刻起。擬與默出外散步，而雨大作，乃
止。約憐兒來談話。允默接上海函，王氏三嫂逝世，客中
之窘可念也。美總統特使赫爾利、納爾遜到華，余明日必
須回去。夜閒話，十時就寢。

9月8日　星期五　晴、陰　七十六度　今日白露

七時卅分起，進早餐畢，與家人談話，九時攀叢桂
一枝歸。九時卅分動身，十時卅分回渝銷假。芷町來談昨
晚會報之情形及此數日來各事，知朱世明君攜回之備忘錄
（致和平機構會議者）已由外交部開始翻譯矣。午餐後與

四弟接洽各事，辦理公私函扎若干件。為苓西兄事致周至
柔主任一函，不知能有效否。三時小睡未熟，起時特覺頭
痛，不及上午歸來時之怡暢矣。約六弟來談半小時。閱四
組之批表及六組批表呈件等，至晚餐時始畢。實之來談參
政會事。夜無精神作事，約祖望談處務。十時寢。

9月9日　星期六　陰、下午雨　七十六度

　　七時卅分起。寄細兒一函，處理私事三、四件，
揭算日用賬目，閱參政會開會以來三日之報告，並處理
四、五組各件，核定致兒童福利委員會之訓詞一件。閱
各報所載軍事消息，敵寇侵桂之企圖益顯。正午前與文
白通電話，為苓西兄事，函文白兄轉商周至柔主任。今
日正午官邸開軍事會報也。午餐畢，小睡至三時起。閱
四組、六組批表，又核處四組呈件六件。傍晚迢、迪兩
姪及樂兒回家，皓亦歸來，匆匆與之一談。今晚委座宴
赫爾利、納爾遜。夜唐乃建組長來談甚久。與力子通電
話。十一時卅分寢。

9月10日　星期日　陰雨　七十六度

　　昨晚睡眠雖深而多夢，屢醒，晨八時後始起。明兒
來家，與之略談。辦理積疊案件，並閱廣播、情報及參考
消息等多件，蓋已五日未閱矣。十時卅分往謁委座，談
四十分鐘，承交下批辦之件及修改令稿各件。為第三處修
改電稿一件，為督導黨政班畢業學員事。向午雷法章次長

來談。芘町來午餐，餐畢與之談話並研究交通部之件。用
腦過深，二時小睡夢魘，異常疲乏，良久乃醒，知神經未
健復也。四時後閱呈我代表團送致英美關於國際和平機構
之備忘錄，閱六組呈件四十餘件。其中一件關於英緬事
者，改擬辦法，極費力。工作三小時餘，七時卅分晚餐。
苓西老友來談，約一小時而去。與吳次長、唐組長等通電
話，續辦四組件之件。十一時寢。

9月11日　星期一　雨　七十五度

七時起。連日晚間睡眠不暢，思慮複雜，而多離奇
之夢境。清晨又為鄰近石工驚醒，疲勞異常，竟日不舒。
且胃部又似有小疾，食後即患胃痛，故今日最為痛苦。晨
起鹽漱畢，以待接洽之事甚多，作函四、五緘，至八時三
刻到國府參加紀念週及九九首次起義紀念，以所備函分交
濟時、禮卿、天放、子壯諸人。何總長、徐部長與余商提
案事。白副總長談軍事。又與亮公談國防會與參政會事。
真覺應接不暇。九時參加紀念禮，由張溥泉委員報告，十
時禮畢。與屬生、公展、青萍分別談郵政儲匯局事。十時
卅分開國防會一四四次常會，議決參政會擴大職權及改選
事。十一時二十五分散會，禮卿主席與余談新省府組織，
鐵公事前不通知，忽約集常委諸先生談話，談國外輿論妄
議我黨分裂趨勢，諸人語不對題，聽之殊悲慨。十二時先
歸，到官邸會餐，到鐵、亮、立、藩、雪、力、蘭友、文
白、徹寰諸人，商談至一時餘始歸。午睡多夢，異常吃

力，且胃部不寧，至四時強起。惟果來談，竟無力與之酬對。四時卅分到官邸陪客，與朱世明武官談話。五時委座約參政員十九人茶話，一一詢其意見，余亦陪座，六時後始歸。閱本日報紙及參考件，又閱四組件，心思繁亂，不能集中。七時卅分晚餐，與孟海、希聖談話，旋芷町來報告，商談物資分配情形等，並談公事。十一時寢。

9月12日　星期日　陰雨　七十四度

八時起。昨晚睡眠較酣，晨起精神乃覺暢旺。早餐畢，四弟攜來張部長治中擬稿之關於中共問題商談經過書面報告之件，乃昨晚所送來者，以已在九時以後，故昨晚未送閱也。此件重要，覺非先為商核不可。先致俞侍衛長一函，答覆凌純聲、丁聲樹君對於不可辨認書件研究之件，並送達原件。既畢事，乃閱讀張部長之報告稿，文長一萬六千字，其中包含文件十一件，覺脈絡要點尚欠分明，然時間甚迫，只能於說明部分為刪易較刺目之字面，並於結語中為加入一段。說明軍令、政令統一之必要，政府對於民主自由之態度及仍不放棄期待之意。既成後於十一時許到行政院謁委座面陳，談十五分鐘而退。回寓已十二時矣。午餐後閱報，並小睡至三時許起。吳國楨次長來談。致季陶院長函，為四弟事。四時卅分委座約談，交下張擬之報告，命加入前文一段，余再四陳述不必加，且實有困難，但委座堅以為非加不可，且中間有商改之處。即往訪文白，談五十分鐘。為收集材料事，約政治部梁客

潯副處長相晤，與偕歸美專寓，介紹其與希聖相見。余實
疲亂，不能運思，擬以此繁難之件囑希聖起初稿。七時呼
匠理髮後，閱呈四組文件三件，閱屬生之報告一件，徐部
長送來改善官兵生活等諮詢案一件，十時面呈。八時一刻
雪艇來，八時卅分共同往謁委座，鐵城、文白亦來，商談
至十時。約文白、雪艇在四組再商談，十一時歸，與希聖
談。十二時寢。

9月13日　星期三　陰雨　七十五度

　　七時卅分起。料理各組文件事，略閱本日報紙，並
核閱希聖兄所擬報告文前段，仍交回查明更改。旋又整理
本月四日委座面諭關於發動黨員團員（知識青年）從軍通
電之要旨，酌加補充。約鄭彥棻處長來商談，直至十二時
卅分始畢。接泉兒廿九日自孟買來函，即作一函寄允默。
午餐後閱情報件數件，小睡中有極離奇之夢，醒時記憶異
常清晰，可知腦筋未休息也。四時起，徐可均兄來談新疆
事約三刻鐘。公展兄來談宣傳文化等事又一小時。吳大忻
（雷川師之孫）來見，只得囑叔諒代見之。晚餐後自誠來
談。夜與芷町商量公事。九時卅分往官邸報告十餘分鐘。
致文白一函。與芷町共同商改改善官兵生活諮詢案稿。
十二時寢。

9月14日　星期四　晴陰　七十五度

　　七時十五分起。昨晚入睡已在一時半以後，睡眠極

不佳。晨起精神即覺困憊。將諮詢案稿再加研究。九時許
委座召往官邸，報告各事，擬致羅、邱電稿一件，即在官
邸小書室內起草呈核。又與雪艇同時進見，商參政會各
事。十時退，與雪艇略談後歸寓。與芷町、屬生、孝炎先
後在電話中洽事，發新聞稿一件，閱四組批表十八件、六
組三件。約冠青來，囑其搜集材料。與何總長通電話後，
再將改善官兵生活之諮詢案酌為修改，親函發出。戴安國
世兄赴美來辭行，竟無暇接見也。一時卅分始得午餐，餐
畢小睡，未成眠。胃部不寧，頭痛眼枯，二時三刻起。研
究張文白兄送來準備答覆案十則，為之補充修改，凡三小
時始畢。芷町、唯果來談。夜疲甚，十時就寢。

9月15日　星期五　晴　七十八度

七時卅五分起。昨晚睡眠較酣，約睡七小時以上，
故晨起精神較佳。整理藥物箱篋，仍請陳醫官來打針。辦
理四、六組文件十餘件，閱余愉之國際形勢條陳，頗能綜
合研究，擬調查其人。十時方定中廳長來談，卅分鐘去。
發私人函件三緘，並閱讀文白寄來之報告件。莫柳忱先生
來訪談。午十二時卅分蕭秘書來報告上午參政會林祖涵報
告內容。作簽呈二件。一時午餐後，與希聖商談宣傳事。
二時小睡，至二時四十分起。三時到參政會旁聽，張部長
文白對中共問題商談經過之報告歷一小時三刻鐘始畢。吳
貽芳博士主席，雲五、政之兩君先後發言，決議組延安視
察團，六時卅分歸。七時晚餐，八時謁委座歸，閱四組、

六組件三疊。十一時卅分寢。

9月16日　星期六　晴、下午陰　七十七度

六時即為石工工作聲驚醒，睡眠略感不足。辦理第六組件，閱各報登載昨日參會中關於中共問題之報告。十時三刻到參政會旁聽。今日委座出席報告，舉行秘密會，對軍事賞罰、今後戰事、外交經過及納、赫二人使命、內政要旨、經濟現狀及瞻望，以及政府對提早開放言論結社自由之準備（謂實施憲政之治、如無害抗戰，即戰時結束訓政亦可）。均有極詳盡之報告。態度雍容歷一小時半以上始畢。散會後與厲生等略談後即歸。一時午餐，畢閱函札。小睡至四時許起，多夢而頭痛。委座約往談話，命預備函札。四時卅分盛晉庸部長來談卅分鐘，余對之頗有直言。閱六組、四組之急件數件。七時出席委座在軍委會宴參政員之宴會。九時歸，與芷町談甚久，閱函札。十一時寢。

9月17日　星期日　陰、微雨　七十五度

七時卅分起。辦理函札數件，待蕭秘書委座昨報告詞紀錄稿，至八時始至，即為核閱。有記載錯誤之處，補充修改，甚費氣力。十一時改畢，蘭友來電話，詢駐會委員名單。十一時十分往見委座，鐵城同入見，以改正之紀錄稿面呈後，知將去黃山休息，即歸寓，就原紀錄作成摘要，準備發表。十一時卅分動筆，至一時卅分完畢交繕。

二時午餐，皋、細、明、樂、約諸兒均來，飯後閒談三刻鐘。為四組核辦航委會請示之件，又與國際宣傳處電話聯絡，將摘要之稿於三時送去。今日忽患傷風，至晚稍劇。夜接委座兩次電話。九時卅分蕭生自誠始攜稿來，再為斟酌修改補充，至十一時卅分始寢。

9月18日　星期一　陰　七十二度

七時卅分起。傷風較劇，氣管作痛，且有咳嗽，因未及參加紀念週。八時卅分周宏濤秘書來談，為經國兄事上簽呈一件，又擬致羅總統函稿（擬託納爾遜攜去者），於十時一刻送呈。與雪艇、顯光等通電話，閱外交電二十件，私函十二緘，為趙君豪作題跋。十二時卅分到行政院，應張厲生、吳禮卿兩君之約，參與歡迎盛世才部長之宴會。同席二十餘人。二時宴畢回寓，囑省吾辦理寫件，宏濤辦譯件。三時小憩，至四時卅分起。自誠來談。五時赴參政會參加閉會式，莫柳忱、胡健中兩君致詞。六時十五分禮成歸，自誠攜今晨訓詞稿來，為核定之。夜撰擬文件一件。十一時就寢。

9月19日　星期二　晴陰　七十四度

七時三刻。咳嗽仍未癒，但亦未加劇。閱報及參考消息等。聞愛陸先生病逝，甚悼惜之。致右任先生函，歡迎其歸渝也。八時五十分以車迓吳文藻君來寓（文藻屢勸余治牙，言之四、五次，其意可感，今日乃抽暇約其陪

往）。偕至高灘岩中央醫院專訪蔣祝華醫師，適彼在衛生
署未來院，乃先訪院長，談一小時許。十時卅分蔣歸來，
為余檢視整治。十一時卅分歸美專寓，十二時一刻午餐，
餐畢小睡，休憩未入睡，三時卅分起。理四組件四、五
件，公私函件四件。四時三刻起赴老鷹岩寓。五時與默出
外散步。夜閒談休息。十時就寢。

9月20日　星期三　晴　七十六度

晨醒殊早，安眠藥作用猶在，乃再睡至九時許始
起。因待家人寫信寄物，直至十一時卅分始動身返渝。
十二時十五分到達，即進午餐，與冠青談話。餐畢閱廣
播。一時小憩，為電話驚醒，因員兵無人負責，召竺副官
來斥戒之。以此遂不得好睡。四時後閱六組批表廿六件，
可說夥頤沉沉矣。又閱參考消息多件。五時卅分四弟堅請
余與周謙沖一談，此君青年黨之失意分子也。當時激越，
意在取得下屆參政員，受蔣主席領導，而甚鄙薄曾、李、
左、陳、余，我無可與談，漫與周旋而已。張君勱來訪，
態度似尚佳，言及公權事，七時後別去。晚餐時述庭老友
來共餐。餐畢約馬星野來談宣傳事，約一小時。芷町來，
處理四組件八件。與立侯通電話。十二時寢。

9月21日　星期四　晴　七十八度

七時卅分起。傷風仍未癒，為新省府名單事，與禮
卿、國楨兩君通電話，並閱本日報紙，寄新檢局一函。九

時到憲政實施協進會，出席全體會。今日到者極踴躍，近三十人。討論提案時，余對周炳琳案又不禁發言，事後思之，甚無謂也。十二時議畢四案休息。委座來會，余入見之。一時許會餐，二時請假先歸。小睡甚熟，至三時三刻起。知軍委會會報今日停開矣。閱辦四組件及批表等。滄波來談卅分鐘去。旋閱第六組件。五時乃建兄來談，其見解態度日進，甚可佩。晚餐後閱六組件三疊。與祖望談組務。至十一時卅分寢。

9月22日　星期五　晴　八十四度

七時五十分起。昨日起肚腹不寧，夜中水瀉兩次，上午水瀉亦兩次，而傷風未癒，甚覺困憊。十時委座約往談，以九月十九日美軍總部轉呈之羅總統來電相示，讀之知彼方對我國隔膜至矣。委座有所諭示，命紀錄而研究之。退至二處辦公室，命劉秘書將來件錄副一份。十二時卅分委座宴川籍參政員，到叔寶、蓁池、明叔、幼椿等十六人，勗以發動大戶獻糧之事。諸人亦有報告，至二時始散。與雪艇談卅分鐘，歸後略睡起，腹瀉更劇，約一小時一次。委座命去黃山未果也。閱四組呈件及批表計四十件，六組件十八件。夜服炭末止瀉無效，中宵起約十次。十一時就寢。

9月23日　星期六　晴　八十七度

七時卅分起。腹瀉未已，疑有他患，以大便送檢

查，乃知為阿米巴性之痢疾。八時卅分朱醫官來，為我打
針。嗣送來藥片，依其指示服用之。今日減飲食，只吃糖
粥，每餐兩碗，自晨至下午六時，平均每小時至少瀉一
次。以此疲乏殊甚，雖心繫工作，而不能支坐作事也。傍
晚芷町來談。夜實之來談。叔諒今日亦患瀉疾，但仍為余
接洽公事，送余親理者三件，可謂認真矣。晚餐後瀉之次
數較稀，而腹中有聲。十時卅分睡，十二時、二時各起一
次，服安眠藥後，二時再就寢。

9月24日　星期日　晴陰　八十八度

　　七時卅分起。今晨六時後瀉兩次，其量較多，然仍
有白色黏膜狀。八時以病狀詳告朱醫生，大致為畏熱、
發燒、頭痛、多冷汗等。八時卅分朱醫來，為再注射
Ametine 一針，並囑余靜養。旋又送黃色藥粉來，服後瀉
洩有停頓之象，然腹部不寧，直腸處壓迫作痛。向午服藥
特靈二丸，至三時許無動靜，三時乃服一種白色之藥水
（朱醫送來說係輕瀉劑）。今日皋兒兩次來親余疾，似疑
此症不純為阿米巴痢疾，以既有朱醫診治，當然絕對信任
之。今日食稀飯三次。天氣鬱熱異常，心力、體力皆不
佳，夜十時許瀉兩次。洗澡，十一時入睡。

9月25日　星期一　晴陰　九十度

　　六時卅分起。昨晚睡眠較暢，晨起瀉二次，尚通
順。八時卅分朱醫來診，再注射 Ametine 針藥，其治法仍

照昨日所預定，略進腹瀉劑。然每日只許一次，而飲食之限制極嚴，除稀粥外，只許食蘋果，此外均不許食。余以醫療全責付之朱君，遂完全聽之。今日上中午及晚餐後仍各服 Antevioform 各一片。上午未赴紀念週，不出席國防會，僅在寓略處理公務，並上委座簽呈一件。十時卅分張文白君來談甚久。午餐後小睡至三時起。俞欽、唯果、辟塵先後來談。實之亦來，有所報告。午後瀉二次，不暢。傍晚芷町來談，至九時始去。理四組件。十時就寢。

9 月 26 日　星期二　晴　九十三度

七時一刻起。以委座八月二十三日交存央、中兩行外匯數目等密封一件交祖望藏入鐵箱。今晨瀉六次，量少而艱，直腸下端作痛。八時卅分朱醫再來診，注射後授余新藥 Sulfathiazol，囑每次服一丸半。據云此藥殺菌止炎有奇效，其實我上月在山患傷風時，即投此劑也。午前精神尚好，然眼枯口乾。文白兄來電話，午餐後閱大字書數十分鐘。李中襄君以新華日報事來商，余未暇晤對也。四時卅分自誠來談，知委座連日與赫利談話，焦勞殊甚，週末擬稍作休息云。六時卅分晚餐。七時本市發警報，有敵機襲川消息，囑處內員役準備。約希聖兄來談，至九時卅分去。十時一刻就寢。

9 月 27 日　晴　星期三　九十三度

六時卅分醒，七時起。瀉痢似猶未全止，仍有黏液

狀之物。八時卅分往接朱醫師來，為我打第五次針。彼之診斷，以為此疾當能自癒，只須繼服藥兩三天可矣。但飲食仍嚴格限制，只許食稀飯。祖望等均勸我到山洞休息，余亦以此間太熱為苦，但決定後適接通知，委座約我等今晚六時到黃山會談，自知疲憊不能久坐，仍請假焉。十二時提早進餐後，即循新路回老鷹岩。過新橋時，車壞修理，約一小時始行。二時三刻抵山寓，完全休息，不作事。夜與家人閒談。十時卅分就寢。

9月28日　星期四　晴　九十四度

五時卅分即醒，七時起。大便兩次，第一次尚暢，第二次較艱難，又下黏狀物，知痢未痊癒，且似轉劇也。九時後就床小憩，竟又昏昏入睡，然睡中殊多夢，屢醒屢睡，直至一時十五分始起。食稀飯兩碗。聞委座今日來山洞寓邸午餐，餐畢赴北溫泉小憩。余既在病中，遂未往謁也。三時又入睡一小時，天氣鬱熱，精神疲頓。聞報載消息，多足令人焦慮者，此一星期來殊無好懷，又為病魔所纏，職務曠廢，真覺惆悵無已。夜納涼庭院。至十時卅分寢。

9月29日　星期五　雨　七十五度

凌晨四時後大雨，天氣轉涼，八時十五分起。瀉一次，偃臥約一小時起。至十二時許，又瀉一次，幾全為白色黏狀物，且有腥臭，疑為痢疾轉劇。午餐後，細思山居

醫療不便，決心提早一日回渝。允默以余飲食無人調護，
與余同車歸。過高灘岩一視皋兒，循舊路而回。三時一刻
到達美專街寓，祖望來談，報告此二日間的事。以委座有
電話囑辦之件，約芷町組長來商，觀其意態，似亦甚紛亂
者。旋實之來談。夜仍食稀飯。有警報，與四弟及祖望談
話。各事多足引起憂慮者。至十時卅分寢。

9 月 30 日　星期六　雨　七十二度

　　八時起。昨晚服藥量不足，睡中屢醒，早晨起後瀉
痢已止，但仍下脂肪狀物少許。朱醫官來，為我注射維太
命 B2 針，並檢視心臟及肺部等，另為配藥水一瓶而去。
乃建來談一小時餘，危坐聽之。余自今日起乃覺精神疲
乏，然胃部感覺飢餓，中午及晚餐均加佐味食品，如豆腐
牛肉汁等以維持所須之營養，不令太乏也。午餐後小睡至
三時起。宣傳部為邱吉爾談話，擬有聲明稿，鑒其語氣太
露，且涉及意氣，為刪改而送還之。聞委座游北溫泉，休
憩二日而歸。即將策勵士兵之電稿修改送呈，並報告病狀
及命擬大戶獻糧文告之意見。向晚約、迨、霸三侄均歸
來。芷町來談。晚餐後自誠來詳談久之，聞之徒增憂慨。
十一時寢。

10月1日　星期日　陰雨　七十二度　舊曆中秋

八時卅分起。病後體力未復，不及參加本室之國民月會。後叔諒等赴會歸來，謂林主任主席，報告軍事也。滇生、振夫兩兄來賀節，接談半小時。十一時委座遣緯國來問疾，談約一小時而去。午餐後小睡至三時起。實之表弟來談。今日為舊曆中秋，寓中略備有肴饌以餉學校歸來之子姪等。余之食量似亦較昨增加矣。然仍食稀飯，尚須忌食五天云。傍晚孟海之子女及約兒來余室，與之談笑，聊以忘憂。晚餐後芷町來談久之。閱六組批表一疊，六組呈件兩疊，又四組呈件十二件。精神尚佳，十一時卅分就寢。

10月2日　星期一　陰雨　六十八度

今晨疲乏異常，醒後再睡至十時卅分始起。朱醫仍來打針。閱新華日報，全幅均含惡意攻擊之意，陰謀顯露，必欲破壞抗戰而後已，心甚惡之。近日各報都無精采，其陰鬱沉悶，亦復可憂。欲為宣傳上定一方略，久思而不得結果。一時午餐，餐畢閱文件數種。與六弟談話，都無好懷。仍小睡至四時卅分起。滄波來談四十分鐘而去。勸其安慰于先生，不可存旁觀之心理。實之來，報告今晨常會，總裁出席，披瀝致詞之情形。旋奉手諭，為新華日報事，辦致新檢局李副局長處函，中宣部梁部長代電，各一件。夜閱前兩年國慶文告。十一時卅分寢。

10 月 3 日　星期二　陰雨　六十八度

　　八時卅分起。精神仍未復原，此次一病，淹纏至此，殊所不料也。閱報載軍事發言人對邱吉爾所稱，美國「過份援助」一語之談話，竊以為憤慨亦義所應爾，而斤斤辯詰，亦似可不必，憂患之際，唯在自強而已。閱第六組批表一件，呈件一疊。今日朱醫仍來為余打針，仍以慎食為戒。向午亮疇先生來談盧滇生君之事及中央常會事，約卅分鐘而去。午餐後小睡，至三時醒，覺疲甚不欲遽起，再睡約一小時。五時力子先生來談，憂國甚深，而其見解終與我不同，此誠無可如何者。晚餐後閱四組呈件，發函三緘。十一時就寢。

10 月 4 日　星期三　陰　六十七度

　　八時卅分起。朱醫再來診視，為余注射維他命 B、C 兩種針藥，對余體力恢復之緩，甚表驚訝。其意似謂病發以前，積弱已甚也。上午處理公務三小時，發函二緘，簽擬呈件五件。即覺疲乏異常。午餐後小睡不成眠，二時許即起。閱冠青所撰雙十節文告要點，覺不完備。約希聖兄來商談，交換意見後，囑其起草要點。四時後李唯果兄來談，勸我以養身安心為重，談一小時餘而去。傍晚閱六組批表一疊，晚八時委座約陳、陶兩組長往談，自誠同去。口授雙十文告要旨，憤慨殊深。兩君回後，再加討論，決定先由希聖擬稿。處理四組件六件。十一時就寢。

10月5日　星期四　雨　六十八度

八時卅分起。今日大便恢復正常，腹瀉之患始止，然精神未全復，蓋已兩星期於茲矣。朱醫再來診視，並打針。閱第六組之呈件兩疊，閱呈外交部轉呈顧大使來電兩件（其一份請示授權同意於和平機構草案者，旋奉諭可）。今日官邸情報會議，余以病請假。十一時卅分午餐，十二時往官邸，參加中央常委會談。席間委座有痛切之說明（今日戴院長病假外，各院長均出席）。二時二十五分歸，辦發外交部代電後，小睡僅一小時即醒。傍晚第四組送來批表一大疊，閱之甚費時。晚餐後希聖、芷町來談。九時將四組件閱畢送出。旋接董顯光君送來毛澤東談話（發紐約時報）一件，閱之可為憤慨，以電話商決之。又閱俞鴻鈞覆查儲匯案。十一時寢。

10月6日　星期五　陰　六十七度

八時卅分。本擬處理積件，而精神未復，只得中止。朱醫仍來診視，頗訝余體力、腦力何以恢復如斯之緩也。立夫兄來，談健全黨的組織事。十時卅分雪艇來訪，思深慮切，所談多可憂悶之言，凡談話一小時而去。余之精神不免受其影響。午餐後小睡未熟，二時後即起。鄭彥棻君攜文稿來訪，即為核閱，送黃山呈委座。旋接李立侯兄寄來林祖涵十月三日致張三函，閱之可為髮指。四時詢雙十節文告如何，知希聖脫稿之後已送芷町處，遂約芷町來共商。細觀希聖此次之文，太覺草率凌亂，勢不得不

重寫。先託芷町寫一、二兩段，見其進度太慢，於晚餐後強自振作精神，自為重撰。至十一時卅分尚未竟，疲甚，遂寢。

10 月 7 日　星期六　陰、略有暗霽　六十九度

六時即醒（昨晚服重量安眠藥，竟無功效，以心中有事也）。無論如何，不能再睡。七時三刻強起，盥漱畢，頭暈腦昏，實不堪作事，直至八時後始動筆，續撰廣播詞稿。今日報紙僅略一翻閱而已。九時後委座電召上山，以電話說明正在撰文，不能往，旋又來電話兩次，指示文告內應補充之點，輟筆聽之，記於別紙。今日腦筋仍遲鈍異常，直至十二時卅分始完稿交繕。此次病後，腦力未復，昨晚又失眠，故艱澀遲滯至此，可為一嘆。文告寫成後，疲乏已甚，擬又就床休息，然神經興奮，竟不能睡。二時起，將文稿繕正件核對改正送核。本欲須赴黃山，至是不得不請假矣。三時卅分再睡，亦僅睡四、五十分鐘。夜處理四組件，芷、建兩兄來談。十時卅分寢。

10 月 8 日　星期日　雨　六十五度

昨晚甫入睡，一小時餘，聞警報聲而起。旋聞敵機襲成都，三時卅分後再睡，今晨八時許始醒。九時卅分整理物件，動身去黃山，以委座昨日約談，疲甚未能應召，故今日往赴之也。途中待輪渡久之。又值車壞，略停約十分鐘，至十一時卅分始到達。十二時往謁委座，出示羅總

統六日來電，並親擬覆電稿，詢余意見。余再四勸諫，請
委座極度容忍。委座謂義之不可讓者，不容含胡隱忍。余
再就彼方心理剖陳，委座仍謂：余意已決，將交宋部長以
英文譯發，不必多慮。乃退。蕭生自誠來談約一小時。一
時卅分午餐，餐畢小睡，至四時起。天氣陰鬱，大霧迷
漫，心甚不怡。核定致中加協會賀電一件。八時委座將廣
播詞稿修改發下，更動甚多，並將章節前後移易，又電話
補充指示，即為修改整理，直至三時卅分始就寢。

10月9日　星期一　雨　六十八度

昨晚胃痛，入睡時已在四時以後，六時又為腳筋抽
搐而醒，總計僅睡三小時，甚感疲乏。八時醒，聞大雨，
八時卅分起。九時自黃山動身，偕省吾回渝。疲甚，實不
能參加國防會一四六次會議，乃請假就床休憩。十二時
醒，委座召往官邸，謂文告又有修改，命再繕呈核。一時
歸午餐。今日皚兒回家。餐畢就睡一小時，憂心如焚，不
能成寐，起閱急要文件三種，致周惺甫先生一函。朱醫仍
來診視，今日起注射NH針。四時騮先來談，良久而去。
六時自誠送來廣播文告核改稿，又加入有火氣之語，以為
不妥，乃親自攜往請示刪去之。適文白、雪艇在官邸，出
至門首，雪艇留談二十分鐘。歸寓後芷町來談。晚餐畢再
修改廣播詞，又閱外交賀電。十一時卅分寢。

10月10日　星期二　雨　六十八度

八時十五分起。甚感睡眠未足。今日為抗戰以後第八次國慶日，與四弟略談，殊多感慨。九時到國府參加紀念典禮，今日文武百僚到者極多，雖大雨泥濘，而仍一堂濟濟。蔣主席致詞，即以告全國軍民書朗誦，約卅分鐘而畢。禮成後，出至休息室稍憩，諸友以余病假已久，紛致慰問，並或詢洽公事，幾於應接不暇。又與敬之、雪艇、文白等談對美之交涉甚久。十一時歸，念國事大難，甚覺心緒紛亂。朱醫再來為余打針。十二時將廣播詞摘要整理完畢，送國際宣傳處翻譯。一時午餐畢小睡，以心中有事，兩次試睡未成，僅合眼十餘分鐘而已。閱六組呈件兩大疊、四組呈件三疊。自五時至夜十時，委座電話絡繹不斷，指示追改文稿凡八次。與希聖談卅分鐘，約王芸生來談一小時餘。十二時就寢。

10月11日　星期三　雨　六十七度

晨十時始起。昨晚睡眠極暢，約睡足九小時，蓋以朱醫近日為余注射維他命C，而余又服安眠藥足量之故也。十時卅分朱醫又來診視，謂余病因在於神經系統，而各種小患均因服安眠藥太多之故，宜斷然屏除之云。今日上午閱各報關於雙十節之記載，又大公報對委座廣播有評論，措詞似尚得體。向午芷町兄來，商談四組公事，即為處理，共八件。午餐已一時，餐後又與芷町略談，再午睡，乃亦沉酣，迄三時後始起。知委座曾來電話，頃已赴

中央黨部，為知識青年從軍事訓話。五時楊玉清兄來訪。
至傍晚七時往謁，報告各事，並承交閱十月九日與赫將軍
備忘錄英文件，即在官邸晚餐。餐畢向周秘書調九日發電
中英稿，歸而親繕。十一時就寢。

10月12日　星期四　雨　六十五度

九時許始起。昨晚睡眠亦佳，今日朱醫再來診視，
仍為注射維他命 C 及 NH 針。九時卅分後補閱第六組呈
件二大疊，又批表一疊，又代批第六組件十餘件，代批第
四組件四件。如是忙碌，直至一時畢事。午餐後又小睡約
一小時。起後以縈心職務，憂思不能自抑，忽患心跳，甚
以為苦。委座電話，來催擬知識青年從軍之文告，以電話
與鄭彥棻君接洽之。今日何總長召集會報，以事不能往。
五時到十七號，參與亮疇先生召集之談話會。到鐵、屬、
雪、滇等諸人，交換關於參政會改選等意見。會畢略談，
七時歸。閱講稿紀錄一件。八時到堯廬舉行本室會報，
十一時畢。與蔚文談卅分鐘歸。十二時寢。

10月13日　星期五　雨　六十五度

六時前即醒，昨晚睡眠至不佳，頻頻驚醒，由服藥
太少之故。而近日用腦過度，又疲勞又亢奮之故也。辦發
四組件及覆鐵公函（寄還關於參政員資格審查會之件）。
朱醫來，為余打針畢，即開始研究勗勉知識青年從軍書，
覺鄭彥棻君之初稿甚為散漫，亦略嫌空泛，以腦筋疲滯，

不及為之重擬，只得就原稿為之詳加修改。然中間接洽雜
務，批辦急要文件，屢為間斷。蕭同茲、蔣夢麟兩君來，
均婉謝未見。午餐後神經緊張，午睡亦未熟，起而續辦，
進行異常緩慢。至六時始完竣呈核。略事休息並閱本日報
紙後七時半往官邸會餐，到鐵、文、雪、翼諸人談至九時
許始散。委座約彥棻來對文告有指示，即交彥棻補改，歸
核講稿一件，疲甚。十一時卅分寢。

10 月 14 日　星期六　雨、下午晴　六十七度

　　八時五十分起。今日睡眠充足，精神心境亦較寬暢
矣。上午閱情報件若干件，處理四組送來之件八件。朱醫
仍來診視，今日為余注射維他命C，加倍於前數日之量，
云能安定心神，促進睡眠，不知果如何也。致皓兒一函，
勉其報名從軍。午餐後小睡至三時許始起。閱第六組批表
及呈件文一疊。鄭彥棻君攜來告知識青年書改正稿，時已
四時，為略閱一過，並將後段辦法部分移置於前半篇。因
駐加城總領事陳質平來談，致工作中輟，六時卅分改完，
送至南岸呈閱。夜與憐、明、樂、迨、約談青年從軍。又
閱六組件二大疊。十一時卅分寢。

10 月 15 日　星期日　陰雨　六十八度

　　九時起。朱醫再來診視，吳醫亦來，對余久病不能
恢復，均以為異。彼等誠不知余之工作無法改變，心境不
能寬閒，則身體與腦筋即無復原之望也。醫生去後，致盧

滇生一函，閱四組呈件六件，又研究三民主義青年團團綱
草案閱讀兩過，曾改易字句十餘處。午餐後明、樂等歸
校。余小睡未熟，二時卅分醒。續閱團綱，旋閱六組批表
十件，呈件十餘件。昨日文告未奉發下，即亦不問。果夫
來談一小時半，同深憂慨。夜與憐兒談話，旋與祖望等商
本處兩組響應青年從軍事。批辦四組件。十一時卅分寢。

10月16日　星期一　陰　六十八度

　　八時卅分起。昨日睡眠連睡六小時以上未醒，晨起
覺精神較暢。九時出席紀念週，諸友以余久不外出，紛來
問候，可感。今日由張治中部長報告發動知識青年從軍經
過，原詞甚長。禮畢與周惺甫部長談內政部人事，又談羅
某事及雲南日報事。回寓已十一時矣。以時遲，未請醫生
診視。十二時委座約往談，以改就之告青年書交下，命再
整理。午餐後略閱一過，以疲甚仍小憩，然心中有事，未
合眼也。二時卅分起，約四弟來，同為斟酌，四時修改完
畢。今日患心悸，甚不寧謐。滄波、乃建先後來談。夜處
理四組件，與芷町談。十一時卅分寢。

10月17日　星期二　陰　六十九度

　　八時五十分起。昨睡不甚佳，以Ipral服用過久，效
力已減也。仍請朱醫來打針，並注射Acetylarson 半針，為
根治痢疾菌之用。閱第四組公事八件。擬往訪雷渭南，知
其不在會，未果。雪艇、文白來談與赫爾利晤談情形，約

一小時。公展來訪，談三刻鐘而去。一時午餐，餐畢小
憩，未入睡，惝恍而多夢，心神不怡。三時許起。委座於
上午發下告青年書，為重加校閱整理後，於午後一時付
印。保君建（新任駐秘魯公使，即將出國）君來談，旋張
彝鼎君來談。四時一刻到中央黨部，參加參政員選舉委員
會。到鐵、文、果、翼、厲、力、雪、蘭友及余九人，交
換意見至五時卅分歸。閱第六組批表一疊，又呈件兩疊。
晚餐後似覺精力有恢復之象，匆匆閱四組件二疊。道藩來
長談。至十一時五分寢。

10 月 18 日　星期三　晴、下午雨　七十度

八時卅分起。朱醫再來診，今日注射 Ciamin 時，左
臂靜脈出血，略有刺痛。閱報及中央社消息，交六組摘
呈。延安近日廣播態度極惡劣，陰謀顯露已不可掩矣。十
時約雷渭南君來談工作事，不料其對禁委會主委竟不願
就，與談極費力。十二時到官邸午餐，今日委座約冷、
胡、傅、王（雲五）諸參政員，及主席團與左舜生、張君
勱，交換對時局意見。二時餐畢歸，略就小憩，未熟睡。
鄭炳庚、潘佑強兩君來訪。潘君語氣極激切。五時到遺愛
祠訪惺甫部長，六時歸。作簽呈二件，閱六組呈件一厚
疊。芷町來談，核定關於徐案呈覆之件。晚餐後自誠來
談，閱四組批表及呈件。十一時卅分寢。

10月19日　星期四　雨　七十度

八時卅分起。朱醫仍來診，繼續注射Ciamin 及NH
針。早餐後簽擬團綱草案之件，並作覆函數緘，閱外交電
及情報十餘件。今日為大哥逝世二周年，辟塵在羅漢寺設
奠追荐，余以事遲至十二時始與六弟、望弟、實弟等前往
靈前一拜。追念無窮。佩葳、荷君、孟海諸親友及中惠親
翁均到，與之周旋，約一小時回寓，午餐畢已將二時矣。
小睡多夢，起而患心跳，久之始癒。閱六組件三疊、四組
呈件及發文各一件，又閱積疊來函十五件。洽老來談，一
小時許去。谷正鼎君來談陝西之情形，言下對陝政有不滿
之意。談至七時卅分始去。夜核呈國際宣傳處件。十時卅
分乃建來談。十一時卅分寢。

10月20日　星期五　陰雨　六十七度

八時十五分起。朱醫仍來診，繼續打針。余告以昨
夜睡眠不酣，清晨早醒，殆由工作與心境之關係。朱醫勸
我應對治療有信心及耐心。朱醫去後，接批件二件，即囑
四組分別辦發。並以知識青年從軍運動實施程序，函吳秘
書長照辦，囑實之親自送去。十一時卅分委座約往談，示
以羅總統十九日覆電，允將史迪威調回，以Wedemeyer 將
軍改任中國戰區參謀長。又交下國際宣傳處呈件，對外籍
記者之要挾態度深表不滿。囑與雪艇等商酌辦理。歸寓將
面諭之言筆錄，十二時卅分往訪雪艇於參事室，商談半小
時而歸，即以原呈送國際宣傳處。二時午餐畢，小睡至四

時許起。接委座電話，即轉告董副部長，彼即來訪，詳談一小時餘。旋沈成章來談一小時。閱四組批表、六組呈件。十一時卅分寢。

10 月 21 日　星期六　陰、傍晚雨　六十五度

八時起。昨晚睡眠不佳，MED 丸無效，甚可異也。朱醫來診，又注射 Acetylarson 約一西西餘。醫生去後，處理私人函件五件。十時約蔣夢麟君來談太平洋學會我國代表人選事。談約三刻鐘去。芷町來電話，商量祝委員長五十八歲壽辰事。顯光來電話，商外國記者俱樂部發表文電事。十二時卅分午餐畢，呼匠理髮，二時小睡，至四時許始起。骨痛神疲，矇矓中有神經病態之夢，余近日精神之脆弱極矣。閱六組件兩疊，處理宣傳件一件，核閱四組件四件。為人題畫冊一件，非我所願也。夜十一時寢。

10 月 22 日　星期日　陰晴、夜雨　六十五度

八時十五分起。昨晚睡眠極不佳，晨起時略有怔忡之象，早餐後始止。處理積疊之呈件二件，閱二小時許而未完成。天放來訪，以病辭之。彼常以星期日來，余對之甚有反感也。鄭彥棻君來電話，請提早發表告知識青年書。與鐵公通電話，乃知其一未準備，其疏脫灑落如此，洵可異矣。周秘書來詢張寶樹事，囑實之辦理之。皋兒回家省親，余略告以病狀。午餐後一時午睡，竟未能熟睡，屢醒而多夢，以疲甚，有意休息，至四時半始起。閱六組

批表一厚疊，呈件一疊，辦理四組件兩疊。夜不作事。
十一時寢。

10月23日　星期一　陰　六十五度

八時起。複閱擬辦文件，雷渭南再來訪。八時三刻
到國府，九時參加紀念週。十時禮畢，與顯光入謁委座，
請示外記者發表電報事。十時一刻舉行國防最高委員會
一四七次常會，討論指示工商會議代表之件，各委員以事
涉經濟政策，發言甚多。又通過例案數起，十二時散會。
君佩、果夫、自明，均有事與余接洽。十二時卅分回寓一
轉，參加官邸會餐，到中央常委十餘人。委座告諸人，以
史迪威參謀長回國，Wedemeyer 接任之事，並述其個人之
感想。餐畢與鐵城、寒操同進謁。二時一刻回寓，發出告
知識青年從軍書。何仙槎以要事來訪，為魯省府黨部委員
人選事，為之呈何總長簽呈上親加簽註。四時到國防會，
審查對於參政會議案之處理事項。五時畢，何總長留余詳
談，七時始歸。晚餐畢，為果夫改簽魯省人選事。改壽
序。十一時卅分寢。

10月24日　星期二　陰、上午晴　六十七度

八時起。昨晚睡眠平常，然昨日整天工作未休息，
尚能支撐，知精神已漸復原矣。朱醫再來診，以此告之，
同為欣幸。閱六組呈件一疊、四組呈件四件。複閱侍從室
同人獻委員長五十晉八壽序。十時三刻芷町來談，以此文

面交之。此文甚難著筆，芷町初稿，以五百言成之，亦自
大氣包舉，余為刪潤，似覺綿密有餘，而雄渾之氣稍遜
矣。芷町談至向午始去。為大公晚報事，覆侍衛長一函。
午餐畢，小睡至二時卅分起。仍有心跳現象。李文範君辭
職，為簽註轉呈之。三時到國防會繼續審查參政會決議案
之處理意見。與可亭、敬之兩君談明年度預算及軍費預
算。六時歸，佩秋及仲肇湘兩君來談。夜閱報未作事。十
時卅分寢。

10 月 25 日　星期三　陰雨　六十七度

　　晨八時起。研究致各大學校長鼓勵青年從軍之電
稿。以昨睡眠大不佳，腦力、精神、心境均壞，竟至短短
一電文，亦組織不起來。朱醫再來診，為余注射 Sodium
Catodylate 針 0.05 一針。彼仍主余再減少安眠劑，余決不
能聽從之，此非其時也。至十一時始將電稿兩種草成，一
種直接發出，一種覆重慶附近各大學，通過教育部轉發。
工作未竣，而夢麟來訪。堅拒不見，憤憤見於詞色。又另
斟酌各大學名單，費時許久。教部送來名單凌雜無次，簡
直是官僚作法。十二時一刻到官邸陪客，到東北萬、鄒兩
主席，于斌、蔣夢麟、張寶樹、何仙槎及中政校教授多
人。午餐畢，已將二時，于斌長談不去，最後始與仙槎請
示魯省府加入軍人二人事，奉批照准。此之周折，皆果夫
之過也。攜蔣、于面呈件一大疊歸。二時四十分午睡，心
煩不能合眼。三時卅分，起服 S. Amyt 一大丸。始矇矓入

睡。六時起，核青年團經費件，摘辦于、蔣呈件。夜自誠
來談，辦魯省府件。十一時寢。

10月26日　星期四　陰晴　六十八度

昨晚睡眠不佳，晨六時即醒。敲牀搥枕，悵觸萬
端。精神上完全陷於病態，強自鎮抑，又感疲勞，至八時
始起。朱醫來診，仍打昨日之藥針，與之討論減少安眠劑
之不可能，彼仍勸我應有耐心，不得要領而去。閱四組批
表一疊，呈件六件，六組呈件二厚疊，詳為簽註。又閱六
組手令一件，核發關於魯省黨政之文件五件，直至十一時
卅分畢。午餐後小睡，仍不成眠，且多夢，二時卅分起。
核四組件及六組發文，又閱軍委會關於考績案之訓令，核
定關於青年團經費件之簽擬文字。乃建來談，甚久而去。
核呈太平洋學會經費之件。實之送來「國民黨五十年來大
事記」，並略閱之。七時卅分晚餐畢，敵機襲成都，本市
發警報，乃中止作事。十時後仍閱大事記。十一時卅分
畢。十二時就寢。

10月27日　星期五　晴　六十八度

八時起。昨晚睡眠較佳，可見安眠藥不能減少也。
朱醫再來診，注射 Acetylarson 二 CC。早餐後閱情報件多
件，發私函兩緘。彭振寰同志偕卓衡之同志（將赴淪陷區
工作）來訪。卓同志久於蘇省，茲由皖調任，其職責甚
重，臨別來辭行，故特與晤見而慰勉之。今日積迨報名入

伍，參加駐印軍訓練，此為我家子弟從軍之第一人，念其
平時緘默寡言，而富有愛國情感，臨事決斷，一往無前，
四弟可謂有子，抑亦我家之光榮也。十時卅分到財政專門
委員會（十七號）參加審議軍費預算之會議。王秘書長主
席，聽何總長及徐主任委員之報告，覺明年度增加之數太
大，殊難有解決辦法。十二時不及終會先行退席。到委座
官邸會餐，與果夫、鐵城、兆民、立夫，分別接洽事務。
一時會餐，委座對黨務改革案詢問甚詳，而其語似專責成
余督促策畫，詞甚急切，余默承之而已。夫余有何職責，
乃必欲橫攬黨部事乎。到四組一轉，回寓已三時餘。閱六
組批表一疊、呈件兩疊後，就睡一小時。甚酣，五時起。
閱四組件兩件，童軍總會擬呈十年紀念詞，竟不可用，為
之一慨。批定在處職員從軍決定之辦法，交陳、陶兩組長
辦理。七時晚餐畢，有警報，充默適患瘧疾，囑其靜臥。
八時雪艇來談對美外交及他事，約四十分鐘而去。十時警
報解除，芷町來談。旋閱四組批表一疊，心中略有不怡，
然尚能自制，十一時寢。

10 月 28 日　星期六　雨　六十三度

八時起。昨晚睡尚佳，晨興時似猶貪睡也。辦發致
新檢局及中宣部代電各一件。朱醫來診，為余注射 Calcii
Iodidum 針。允默昨整夜發熱患瘧，朱醫則謂為針藥之反
應，余等皆疑信參半也。十時到堯廬出席甲種會報，聽取
介民、芃生、鳳山之報告，討論如何加強與盟邦交換情報

案。十二時畢，到官邸會談外交及宣傳件。英美此次承認
法、義政府，事前均未與我國會商，而美國務院昨日宣佈
之電文，亦只謂商得英蘇同意後決定，殊為可異。故今日
委座約季陶、亮疇、子文、雪艇、國楨及宣傳部部長等共
商之。午餐畢已二時餘。季陶過余寓長談二小時半而去。
下午僅閱六組件一疊。傍晚明、樂、迪等均來家。夜閱呈
電報一件，與默談話。十時卅分寢。

10月29日　星期日　陰　五十九度

　　七時卅分起。睡實未足，天氣轉寒，精神又不甚
佳。朱醫來診，注射 Calcii Iodidum 及 Sodium Cacodylate
各一針。樂兒感於從軍運動之熱烈，亦欲報名入伍，然其
年齡只十六歲，尚未及齡，乃作一函詳諭以理而止之。夢
麟來訪，與談二十分鐘，囑其注意學潮。處理四組文件七
件，集子姪輩，為之講文字。午餐畢，小睡，僅合眼二、
三十分鐘，即為鄰近之雜聲驚醒，雖疲甚而再不能睡。起
而作事，則進程異常緩慢。閱六組批表一厚疊、呈件兩大
疊，又核閱四組呈件。擬改童子軍訓詞，無力下筆，乃中
止。唯果來訪。乃建來談。晚餐後自誠來談。有空襲警
報。致果夫、仙槎各一函。十一時就寢。

10月30日　星期一　晴　六十一度

　　七時醒，七時卅分起。昨晚睡眠較佳，今日精神怡
暢，心境亦恬定矣。朱醫來診後即去。國府參加紀念週，

由徐部長報告糧食行政。十時禮畢,與海濱、子弦、雪艇、均默、公展諸君談話,入謁委座於休息室,報告三、四事。十一時回寓,接五兒來函,志願從軍,亦可喜也。閱參考消息及第五組各件。午餐後小睡亦甜適。二時卅分起,鄭秀民秘書來談。旋高凌百君伉儷來訪。高君述其由新加坡經澳洲赴美之情形及國外狀況,談約一小時餘去。閱第六組呈件。六時卅分芷町來談。晚餐後核改中國科學社卅周年紀念電。又代批四組呈件十餘件,處理發文四件。十一時寢。

10月31日　星期二　陰　六十度

八時起。昨晚睡眠又不甚佳,朱醫再來診,仍照常注射 C. Iodi 針及 S. Caco 針。醫生去後,改定中國童子軍總會十週年紀念(十一月一日用)訓詞一份,並簽呈關於旅美宣傳人員之件。十時芷町來。十時卅分邱大年君來訪,將赴辟支堡大學講學,與之談在美宣傳要點,並為介紹於國際宣傳處。十一時鄒海濱先生來,詳談時局及對外關係,一小時而去。午餐後小睡,僅睡一小時,然淹滯至四時許始起,疲勞猶未復也。致三兒、五兒各一函,對其報名從軍甚獎慰之。閱六組呈件一疊,四組件兩件。今日為委座五十八歲壽辰,區黨部敘餐慶祝,五時卅分入餐,八時始歸。健羣自昆明來電話。十一時就寢。

11月1日　星期三　陰　六十二度

　　八時起。九時出席國民月會，對諸同人告以：「當前局勢之艱難，與內外危機之深刻，吾人宜一本初衷，返觀抗戰以前之情形，而堅定各人之自信，際此時會，更須努力，更須敏事慎言以自效」。十時禮畢，與蔚文主任、乃建組長略談後，偕朱醫同歸。仍注射針藥如昨日。朱醫去後處理四、五組各件。十二時午餐畢，委座約往談，交下冷參政員等五人時局處理意見書，面諭兩點，命與雪艇接洽轉告。一時歸寓，午睡不甚酣，二時卅分醒。三時往訪雪艇，以委座面諭之言筆錄而面交之，談一小時歸。顯光來談，十五分鐘去。研究關於史迪威召回之羅總統談話，向中央社調集合眾、路透與中央社專電為之親譯。八時夢麟來談。八時卅分與雪艇謁委座，決定發表方式，十時歸，約孝炎來面交之。閱四、六組件四疊。十二時寢。

11月2日　星期四　雨　六十四度

　　七時五十分起。朱醫仍來診，注射 Calcii Iodidum 及 Acetylarson 各針。余自謂近日精神較好矣。閱各報及參考消息後，處理三組件八件。上午未作他事，僅與四弟等閒談而已。中午委座來詢外論消息，午餐後將紐約時報卅一日社論核對而送呈之。一時午睡，至三時始起。四時粵省銀行雲照坤君來談。教育部送來西南聯大教授會陳述意見之電。五時蔣廷黻君來談國際善後總署遠東分會及中國辦事處之工作。閱六組件十八件。七時卅分到官邸會餐。到

可亭、鴻鈞、佩君及陳初如諸君，商量預算之件。委座以軍費總數應再減六分一，又指示其他原則。九時歸，閱四組件六件。十二時寢。

11 月 3 日　星期五　雨　六十二度

八時起。朱醫仍來診，為注射 Sodium Cacodylate 兩針，並謂以後可隔日注射一針，此後或將變更治療矣。午前閱報後，處理四組件一疊，又閱國外特別參考消息一厚疊，堪為髮指者甚多。然仔細思之，處此逆境，不能自強，亦無怪他人之投井下石矣。十二時亮疇先生來談最高法院事及通商會議事。又談外交形勢，多可觸動憂慨之言，然又無法改善，為之煩悶不樂者久之。十二時卅分到官邸午餐，參加者蔣廷黻處長及厲生。委座聽取廷黻關於救濟善後總署之報告，並殷殷詢美國情況。一時五十分歸，小睡至三時卅分起（實未睡熟）。四組送來各件，多極難處理者，留存二件請示，餘均核閱送還之。四時卅分到官邸陪客（傅、陶兩參政員）談話。五時卅分與孟真同歸，談至七時晚餐。七時卅分到官邸，參加會談。雪艇、文白參加（報告 H 赴陝事）。十時歸，為國外來電請發聲明事向各方接洽，十一時洗澡就寢。

11 月 4 日　星期六　雨　五十八度

八時起。閱本日報紙，桂林之戰益激烈矣（今日朱醫未來）。九時卅分雪艇、顯光、國楨三君來余寓，商擬

委座對北美報業公會及美聯社請發表意見之覆電。由顯光
依雪艇之意擬英文稿，即同至官邸，請委座閱定後交國際
宣傳處代發。十時三刻歸，十一時到化龍橋訪胡政之君，
談甚久，知其血壓已減低至175度矣。並談時事，至十二
時卅分始歸。午餐畢，小睡至三時餘始起。覺睡眠酣足，
精神尚佳。四時往訪亮公之疾，知已稍痊，仍須休息云。
五時後閱六組呈件及批表數疊。迨姪歸自營中，詢其教導
團情形，答謂尚佳。晚餐後芷町來談，處理四組件。核講
稿紀錄一件。十二時寢。

11月5日　星期日　雨　五十八度

　　八時三刻始起。昨晚睡眠又不佳，故早晨又遲起。
且患頭痛（腿部之筋骨酸痛亦已五、六日於茲矣），故今
日工作最無成就。應辦之積件均無心動手，上午僅閱報並
發出私人覆函二緘而已。徐可亭君來談明年度預算事，凡
一小時餘而畢。又談財專會事，聞之徒多繁憂。午睡亦受
其影響，多夢屢醒，又疲軟濡滯，至三時後始起。近日生
活之頹弛，真堪自疚矣。實之來，報告丁先生病狀。滄波
來閒談，徒耗時間，實令人無何奈何。閱外交電二十餘
件，六組呈件一疊、四組件二件。晚餐後芷町來談，處理
四組件。閱國防會文件，作報告一件。十二時寢。

11日6日　星期一　雨　五十八度

　　八時起。早餐畢，八時四十分赴國府，與自明接洽

國防會事務。九時參加紀念週，潘公展同志報告圖書雜誌審查會工作與心得。十時十分與自明晉見委座。十時二十分參加國防會第一四八次常會，通過對工商會議代表之指示及我國第一期經濟建設原則，對國營、民營有較具體之劃分及其他例案二十餘件。十二時十分散會，與楚傖、寒操等商大事記之件，十二時卅分回寓。午餐後酣睡二小時，至三時起。往中央黨部參加審查會，審查宣傳部業務改隸行政院之件。由季陶主持審查，至六時許完畢。散會後與季陶略談即歸。閱四組件五件、六組件二十件。乃建來談。夜毓麟來詳談。十二時就寢。

11 月 7 日　星期二　陰　六十度

八時五十分起。朱醫再來診，注射 Sodium Cacodylate 一針。余近日常患骨痛，未及詢其療法也。閱朱騮先君條陳一件，閱參考消息及外交電約十四、五件，發私函數緘，上報告一件。午餐後小睡頗酣，但醒時骨痛，貪睡至三時始起。簽擬答覆聯大教授之意見一件，即送周秘書呈核。閱文官處來呈二件。四時明、樂兩兒來家，樂兒堅欲從軍，以其未及齡不合法定，曉諭以待明年再應徵不遲，然彼甚固執，其志誠亦可嘉，而於其個性之倔強幼稚，頗以為憂也。孟海來談，十五分鐘而去。閱國府文官處擬呈之褒揚先烈令，內容脈絡不清，為之修改，甚覺費力。騮先來長談。夜閱六組呈件一疊，核四組件八件。十一時卅分寢。

11月8日　星期三　陰　六十度

九時起。昨晚睡足八小時，睡眠最酣暢，今日精神亦佳。午前閱讀各報及參考消息等件，並處理私函一大疊。十二時到官邸參加參事會談，到十七人。由博生、斌佳、雪艇先後報告。席間聞羅總統當選形勢已確定。餐畢，委座特約胡健中談話，對其辭職，莊言慰留之。二時卅分歸，小憩又入睡甚深。四時起，接委座電話，與博生接洽發表外電事。李立侯兄來談約二十分鐘。往委座官邸一轉，即歸。填考核表一張。六時卅分到文白家晚餐，到果、立、雪、厲、藩、翼諸人，餐畢暢談時局。旋辭修亦來。十時卅分先退。歸閱四組批表，六組呈件各一大疊。十二時卅分就寢。

11月9日　星期四　下午晴　五十八度

八時起。發出致蔣夢麟、劉健羣信件後，即閱本日報紙與參考消息等。昨晚睡不足，精神又差。九時卅分到官邸一轉，知祝賀羅總統當選之電已交吳次長報告，乃即歸寓。閱冠青所擬之本黨五十年紀念詞，竟不可用，不勝失望。而希聖亦忙，僅摘要點備考，未為改擬，更覺焦急。囑四弟搜集材料，決心親自撰寫，與之略談要點，似覺有得，但下筆即感窒滯孔多，寫第一段未完，而午餐。餐畢略睡，未熟。起來後腦力更疲，徬徨焦急，直至下午七時，僅完第一段，而以下各段甚覺茫然。其間閱六組件一疊，接成都張主席電話一次，又小睡，合眼數十分鐘，

十時後乃得振筆疾書，三時完稿。四時以後始入睡也。

11 月 10 日　星期五　晴　六十度

十時起。昨晚入睡太遲，睡眠又不佳。上午閱報及參考消息後，與六弟談紀念詞之事。又閱四組批表等多件。十一時卅分委座約往談，交下文稿，面示修改之點。修改處雖不多，然余此文乃一個中心主意到底者，而委座欲於每段各加一子題，其難實無以復加。十二時卅分參加官邸會餐，係約特種會報諸人。到吳、何、立、雪、梁、厲等諸人。委座有個別之指示。二時歸，小睡不酣，至四時許起。研究文稿，意欲修改反覺無從下手，如是彷徨，直至戌初。閱六組件一疊，接電話六次。唯果、芷町先後來談。迨姪明日入營。赴蓉從軍，書二十餘字勉之。十一時卅分警報，二時解除。以極疲勞之腦力，為改文稿，七時卅分始畢。整宵未眠。

11 月 11 日　星期六　晴　六十度

今晨入睡已在七時卅分以後，自以為昨已服 LUM 一丸，可以無須服藥矣，詎就床後竟以雜聲嘈雜，不能酣睡，曚曨惝恍，似睡實醒者，至十一時，甚覺難忍，乃即強起，精神上亦覺無他，僅略感頭痛而已。接洽黃山電話後，午餐畢，服藥兩丸，入睡至四時五十分醒。約睡足五小時許。接魏文官長電話，代核褒揚先烈令。七時自誠下山，攜來委座核定之紀念詞稿，再為修潤交繕。事畢已八

時五十分。留自誠共餐。今日聞桂林危急，又聞成都發生學潮，心極不怡。與各方面用電話接洽，費時頗久。閱六組、四組件各一疊。十二時寢。

11月12日　星期日　陰　五十九度

八時卅分起。盥洗畢，閱中央日報。九時到國府參加「中國國民黨五十年紀念」典禮，由總裁主席，致紀念詞。禮成，與立夫、文白、鐵城、諸君等談成都昨日發生學潮事，交換所得消息。十時卅分歸，往謁委員長，報告並請示後，分別與立夫、健羣（在昆明）、岳軍等通電話。如是忙碌，直至十二時。益弟來訪，晤談片刻。午餐後一時小睡，直至四時始醒。睡中多夢，然睡極深。起來精神完全恢復矣。乃建來談，約一小時去。傍晚閱六組件一疊，力子來談甚久。七時唯果來談，其態度殊激昂，可異。晚餐畢，往謁委座，談十五分鐘歸。發張、鄧、潘急電一件，指示宣傳綱要一件，與岳軍通話。十一時卅分寢。

11月13日　星期一　陰　五十六度

八時卅分起。九時往國府參加紀念週，與自明、屬生諸人談話後，進謁委座，報告魯省牟主席來電等情形。遇俞次長鴻鈞，與之略談歸。辦發致貴州吳主席電，閱各報及參考消息等。朱醫今日來診，再為注射Sodium Cacodylate針二支。午餐後小睡極沉酣，至三時起，似猶

有貪睡之意也。閱關於成都學潮之各件。吳文藻君來訪，談太平洋學會事。高凌百君來訪，談願赴海外工作。何仙槎君來訪，談一小時餘，送之門口，甚壯其行。晚餐已八時，閱六組件一疊、四組件五件。芷町來談。十一時五十分寢。

11 月 14 日　星期二　陰　五十七度

八時十五分起。閱參考消息等多件，九時出席本室區黨部執行委員會，到乃建、自誠、佩秋三人（李、俞二委員請假），議決本區黨部選舉辦法及編制事項，又決定於十二月十七日舉行歡送從軍同志，十一時卅分散會。與芷町略談後歸寓。今晨中央黨部舉行中訓團畢業學員指導員會議，請假未往也。午餐畢，小睡極酣，二時起。閱第六組呈核件，有甚難解決者，乃暫置之。與皓兒談話，彼熱心於出國進修，似將改變其入伍從軍之志願。習俗移人，不免一嘆。三時到考試院育德齋出席中政校校務會議。丁先生請假未出席，以季陶好談題外語，浪費時間，至七時卅分始散會。夜閱六組件，無心作事。十一時卅分寢。

11 月 15 日　星期三　晴　五十九度

八時卅分起。昨晚服藥較少，睡眠不甚佳，且多惡夢，醒後甚覺吃力。九時卅分新疆人堯樂博士君來談，約三刻鐘而去。其來意在請求發還新省府沒收之財產也。客

去後，閱參考消息數種。又閱四組呈件一疊，處理五組件二件。午餐後小睡，至二卅分起，睡亦不酣。處理四組之積件，心思雜亂，而不集中，致工作進行殊緩。五時王雪艇君來談，知委座欲界以新使命，而彼乃以「已所不欲，施之於人」甚以為不可，又談赫爾利將軍近日進行之狀況，七時始去。芷町來談，晚餐後毓麟來談，旋乃建來談。九時後處理四組件十五件、六組表兩疊，核改講稿紀錄一篇。十二時寢。

11月16日　星期四　晴　五十七度

九時起。閱各報，知宜山附近戰鬥日緊，時局更艱難。余以體弱之身，何以報國自效乎，思之至為不安。蓋近週以來，懶散太甚，實不類戰時生活也。接張文白君電話以梁部長昨對外籍記者失言，甚為不滿，乃以電話致梁君及國宣處查詢，知已發表，不能收回矣。委座來電話，欲余去黃山，然下午尚有兩案聯席審查會，輾轉覓得段君，始蒙允為主持。向午辦發簽呈及簽擬吳秘書長呈覆關於行政院情報部事。一時午餐畢，小睡，心中雜亂多思慮，未睡熟，三時起。略為收拾，並以電話囑咐陳、唐兩組長後，四時動身過江，五時到黃山。宏濤秘書及皮參謀來談。八時謁委座，晚餐畢，交下人事名單，略陳意見而退。十一時寢。

11 月 17 日　星期五　雨　五十六度

八時一刻起。九時由黃山回渝,至江邊,因汽車輪渡遲延,先乘小汽船過江,等候數十分鐘,與陳初如署長談話。十時到參事室訪王雪艇,傳述委座昨晚之命令,將有新職相屬,但彼謂須考慮。繼至中央研究院訪朱騮先,談約一小時。出至考試院訪戴院長,談一小時餘歸寓。午餐後小睡未熟,三時起。四時到遺愛祠訪周惺甫部長,談卅分鐘而歸。閱六組件,邵毓麟君送來太平洋學會之件,囑其緩呈。夜閱呈孔先生感電、刪、刪二各電。文白來談甚久,改定龍主席六十壽詞。與芷町、孟海談話。至十二時寢。

11 月 18 日　星期六　晴　五十六度

八時卅分起。處理私人函札若干件,批定本處兼職不支薪各員仍然支津貼之件。與立夫兄等通電話。吳文藻君來訪,談十五分鐘而去。今日委座電召赴黃山,十一時十五分到江邊,與辭修、立夫、雪艇同過江,十二時十五分到達。余先進謁委座以覆孔之電交閱後發出。繼又詢行政院改組案之意見。旋即下樓,與諸君(文白亦來)商對赫爾利答覆之件。午餐畢,又略談廿分鐘退,即與雪艇研究文件。四時卅分再謁委座後,雪艇先行,余決留宿。七時委座召往談黨部之人事。晚餐後歸,思人事問題,不得要領。十一時寢。

11月19日　星期日　晴　六十二度

八時卅分起。研究人事問題。九時三刻到雲岫謁委員長，晤談甚久。退至室內，辦發致朱長官電及致外交部代電各一件。臨行奉諭明日中央常會之通知應緩發，以電話遍覓吳秘書長不得，乃囑望弟轉達。十一時與孫書記同車下山，十二時到渝寓。閱函札六件。一時午餐畢，小睡至三時起。四時閱六組呈件兩大疊。五時天翼來談，約一小時去。續閱六組批表，又呈件各一疊及四組件五件。六時一刻往謁委座，奉命訪梁部長，未晤，仍歸寓。公展、健中來談。七時卅分官邸晚餐，到中委十七人，至九時散席。往訪均默，談二十分鐘歸。屬生、道藩先後來談。十二時卅分寢。

11月20日　星期一　陰　五十八度

八時起。八時卅分謁委座，以屬、藩之意見及立夫今晨來函要點面陳。九時到國府，參加紀念週。何總長報告軍事。十時禮畢，再謁委座。十時卅分舉行中央臨時常會，決定中央黨部人事之更迭及行政院人事之調整。余於屬生之去秘書長而改任內政部長，實深惜之。以此君實為一極負責之幕僚也。繼參加國防會一四九次常會，十一時散會。與鐵、雪、屬商宣傳要點。十二時歸，李夢周君來談。一時午餐，餐畢小睡，未能合眼，精神不佳，服IPR一丸後始稍定。三時卅分往謁委座，商定新聞稿，並與許孝炎君通電話，貢獻宣傳指示之意見。約希聖來，商定今

晚中央日報應有社評，與之研究立論之要項。謝保樵來，
談赴美宣傳事。閱第六組批表等一疊。唯果來談，晚餐後
乃建來談，均謂人事改革案外間反應尚好。芷町來處理四
組公事。道藩來談。旋公展及賴、蕭二人來談。閱六組呈
件一疊。十二時十五分寢。

11月21日　星期二　晴　六十度

　　八時五十分起。近來早晨晏起成習，而凌晨醒後實
未熟睡，紛紜多夢，此心理不寧定之故也。閱大公報社
論，對中樞人事調整頗有改革不夠澈底之批評。中央日
報亦有社論，言之不暢。聞外間對此言論不一，不知當局已
煞費苦心矣。九時卅分約張伯謹君來談，與之討論赴美宣
傳事。伯謹見解極佳，談約一小時去。祖望來談第五組人
員更動事，只增憂慨。午餐後小睡至三時，尚稱酣暢。閱
第四組呈件，並處理私人函件十餘件。吳文藻伉儷來訪，
談四十分鐘而去。傍晚閱六組件。七時卅分辟塵來，適發
警報，聞敵機襲新津、雙流等地。芷町來談甚久，至十時
卅分去。十二時寢。

11月22日　星期三　晴　六十二度

　　八時五十分起。盥洗甫畢，徐可亭部長來訪，出示
孔之來電，其意以為如在美任委座專使，則副院長名義須
保留云云。商談久之，可亭始去。鄭亦同君來訪，談卅分
鐘而去。十時後閱情報件，囑唐組長飭查假造中央社號外

之件。十一時往謁委座，報告可亭來見之經過。委座謂已
續電孔君，商其在美擔任接洽經濟金融事務矣。並商談對
行政院秘書長之人選，余力主屬生不可去。十一時三刻辭
出，十二時卅分可亭再來訪，以原電還之，並談他事。彼
有年底辭職之意，力勸其打銷。一時後始得進午餐，餐畢
小睡，至三時一刻起。朱經農、吳文藻先後來訪。文藻來
商太平洋學會預算。傍晚處理函件。六時出席鐵城召集之
會議（聯繫各黨派）。七時卅分到官邸陪冷、胡、王參政
員會餐，九時十分歸。閱六組、四組件。屬生來詳談。
十二時寢。

11月23日　星期四　陰　六十度

　　八時卅分起。閱本日中央日報社論，覺希聖此文用
意周密，能揭破敵寇之心理，可作對外宣傳之用也。閱參
考消息及情報件。敵人以岡村寧次代畑繼任侵華敵酋，並
任命西部軍司令，其為對英、美、蘇作態更屬明顯矣。十
時有一名劉治寰者來見，望弟不善應付，余乃自見之，實
為一落伍軍人也。王惜寸君來談農行事，相對慨嘆，余亦
無善策也。午餐後小睡至三時起。本擬出席軍委會之會
報，嗣知停開。閱四組批表一疊、呈件五件，處理區黨部
件及五組人事件。唯果、乃建來談。七時約胡健中兄來
談中央日報事。以敵機襲梁山，本市發警報，胡君匆匆
辭去。與希聖、叔兌談社務。閱六組件四疊。十一時卅
分寢。

11 月 24 日　星期五　陰　五十九度

八時卅分起。閱吳德生所呈送之聖經，又閱王雪艇
君關於太平洋學會指示我代表之草案，即為轉呈。又研究
邵毓麟君所擬之「處置日本方案綱要」，為簽註而轉呈之
（約於下午送出）。閱第四組呈件，又閱關於宣傳方面之
文件。廖國庥君來訪，昔日侍從室之同事也，在教部服
務，晤談極歡洽。午餐後小睡至二時卅分起。閱盟利社之
社論，有甚長之訪問記，余甚覺其無謂。三時卅分理髮。
四時卅分蕭化之君來訪。五時彭浩徐副局長來訪，談戰時
生產局事甚詳。六時郭斌佳君來談，擬赴國外擔任外交工
作。客去後閱六組呈件。晚餐後閱四組批表及呈件畢，忽
覺心緒繁雜，甚感無以自遣。與四弟、六弟、望弟談話，
食哈蜜瓜，與允默談，至十二時寢。

11 月 25 日　星期六　陰晴　六十二度

八時起。作簽呈二件，閱第四組件五件。九時卅分
周惺甫部長來談，對張次長純鷗之下文作過高之期望。余
今日始覺此老之見事不明矣。十時道藩兄來談海外部事，
謂陳慶雲君決不就海外部副長。人事配合之難，殊可嘆
慨。曾部長養甫、陳部長立夫來談，約二小時餘而去。曾
以病請辭職，陳以事前未接洽，而不願就組織部事。余百
端譬慰，幾於舌敝唇焦。人事問題可謂最難應付者矣。一
時午餐，餐畢小睡，至三時起。與國楨、蔚文、寒操通電
話。四時卅分擬往謁委座，以有客未往，嗣知已去黃山休

息矣。閱外交電一疊，又核閱條陳二件。孟海來談教育部事。旋自誠、唯果先後來談。允默於今日回山洞。夜閱六組件一疊、四組件兩疊。與皋談話。十一時卅分寢。

11月26日　星期日　晴　六十四度

昨晚以蓋被太熱，中宵咳嗽而醒。五時後再入睡，八時醒，至起床則已九時矣。近來如此衰頹，殊不自解也。上午閱報以外僅作代呈蕭吉珊一函，私人函札數緘，此外即未作他事。乃建來談卅分鐘。午餐後小睡至三時起。望弟、六弟均外出，四弟亦進城，樓上僅余一人，甚感寂莫無聊。學緯內侄來談。四時後細兒、憐兒自學校歸家，余正患枯寂，見之甚喜，乃與彼等談家事與時局。並詢校中狀況，約二小時。今日為與家人談話最久之時矣。七時晚餐畢，騮先來談教育部事，凡二小時始去。閱四組呈件六件，又六組件一疊。與四弟、六弟等食果物，閒談甚久。今日自覺閒散。十一時卅分寢。

11月27日　星期一　晴　六十四度

八時十五分起。九時到國府參加紀念週，鹿部長報告兵役部之方針。九時五十分禮成，與葉先生及甘自明君談話。陪同寒操兄進見委座。十一時回寓，閱本日報紙及情報件。十二時委座約往談話，報告近數日來與各方面接觸所見聞之點。奉委座指示，應接洽各部次長之人選。一時歸，午餐後小睡至三時十分起。往訪騮先談教育部事。

四時歸，吳文藻君來訪，五時約翁詠霓君來談，約卅分鐘
而去。閱六組情報件一疊，又閱四組呈件一疊，與芷町詳
談處務。夜處理四組件九件。為討論侍從室應否改隸事上
委座一長函，直至一時後就寢。

11 月 28 日　星期二　陰　六十四度

　　昨晚遲睡而中宵醒三次，睡眠不暢，七時卅分即
起。以心中有事，不能自己抑止也。將昨日繕就之函重閱
一過，即送呈委座。九時到中央幹部學校參加校務委員
會，到戴、段、張、康、李及經國諸人。十一時散會歸，
任覺五君來談，意志不堅，殊令余失望。董顯光君來談，
訴說辦事之難，盡量安慰之。約芷町來談，午餐後始去。
一時午睡未熟，二時三刻起。約羅耀東（運炎）君來談，
約一小時去。委座擬請其致力於國民外交，並囑其幫忙英
文工作。余觀其人甚誠篤。五時約王、孫、袁三編纂員來
談，面詢其工作進度。俞鴻鈞部長傍晚來談卅分鐘。六時
後閱第六組情報件一疊，第四組呈件若干件。七時晚餐
畢，與四弟、六弟談話，旋約希聖來詳談，至十一時卅分
就寢。

11 月 29 日　星期三　晴　六十二度

　　八時十五分起。約袁惠常君來談，知委座昨晚交下
二十一年事略稿八本（一月至八月份），命再修改，可云
慎重矣。閱參考消息等件。徐吉甫先生來談其經濟理論，

謂一般認貨幣與物價為二事，實屬錯誤。貨幣即活動的物
價，物價乃靜止的貨幣。對今後生產方針頗有發明。談一
小時許去。作私函數緘，上簽呈件，研究安定現局之道略
有結論，然恐未能實行也。自十月以來，為我軍事政治最
趨逆轉之時期，黨派喧囂於外，人心浮動於下，而政界之
萎靡因循，機構之龐大笨滯，積重難返，只有日益加深，
辦事效率當然不能提高，各機關非無立志振作之長官，而
結果均不免推諉欺騙，蓋風習已成，無能獨善也。尤可憂
者，則為本黨精神之散漫，在二十年以前，能奮鬥有作為
之同志，皆已減少其苦鬥精神，群以獲得實際行政地位為
目的。既得之，而又不能實幹。此非有方法振作之不可
也。午餐畢小睡至三時起，睡眠尚佳。閱六組呈件一疊、
四組件四件。五時中宣部章淵若秘書來談。六時朱騮先部
長來談教次人選之擬議。七時王雪艇君來談中宣部今後進
行之要點。乃建來談，謂委座已決定以錢大鈞次長繼任本
室第一處主任。七時卅分委座宴中央黨部及行政院新舊各
部長，八時會餐，九時五十分歸寓。十時卅分往訪林蔚文
主任話別（彼調任軍政部次長），談戰局與時事，十一時
後歸。十二時寢。

11月30日　星期四　陰　六十度

八時起。念時事日艱，而委座對侍從室之隸屬等，
今仍維舊制（原有改變辦公廳之議），吾輩將何以努力報
稱乎。思之思之誠不勝其感奮而悚惕。約金組員省吾來

談，勗其力自振作，不可消極頹廢。十時芷町來談。十一時陳慶雲君來談海外部事及華僑參政員人選標準與分配等事。慶雲坦爽熱誠，不愧為軍人出身之模範同志也。蔣夢麟君來談，關於太平洋學會事及西南聯大等事，約卅分鐘去。招應書記厚莆來談，擬調其到美專街工作。一時午餐，約邵毓麟君來談出國時應注意之點。餐畢，又續談十五分鐘。小睡未熟，三時十分即起。果夫先生來談，黔省黨務事及組織部事。徐中齊局長來辭行。四時偕唐縱同志出席軍事委員會之會報，五時卅分完畢。與何總長及立夫兄等略談後即歸。閱第六組呈件一疊，第四組護照件兩件。六時到堯廬，今日為林主任宴請新任錢幕尹主任，到各組組長及朱公亮君。七時十五分開始敘餐，八時三刻餐畢，余飲酒二杯餘，似已微醉。仍留林蔚文兄室內略談而歸。為四庫全書事，致俞樵峯部長一函。又閱第四組件及冠青條陳。十二時寢。

12月1日　星期五　陰、雨　五十四度

八時十五分起。今日天氣驟寒，戶外僅為五十一、二度，較昨日低降約七、八度。午前約冠青來談工作並商文字。閱報暨參考消息等，辦發四組件四件。十一時到堯廬舉行國民月會，並歡送林主任，歡迎錢主任，由余主席，林、錢兩主任先後對各同人訓話，十一時卅分禮畢。至四組辦發國際物資組之件，又至第一處與林主任握別，不勝依依惜別之感。一時午餐畢，小睡苦寒，三時起。國防會參事吳、王、翟桓（毅夫）、徐敦璋（元奉）四人來談，旋胡次長世澤來談。客去後閱六組呈件一疊，核四組件二件。念戰局不置。自誠來談。晚餐後閱徐青甫先生條陳。十時胡健中兄來談報館事。十一時去。與芷町略談。十二時就寢。

12月2日　星期六　雨　五十度

八時卅分起。今日更寒，棉衣不暖，聞貴陽已下雪矣。連日睡眠仍中宵屢醒，多因咳嗽之故（患咳已四日），然日間並無欠睡之感，僅精神稍欠振作耳。閱第四組留呈之公事及本年預算審議結果一冊。十時後往訪亮疇先生問疾，談四十分鐘歸。彼血壓已降，仍未平復。十一時十分張屬生君來談接收內政部事及其他，十二時去。午餐後與芷町商洽公事，以委座無暇，故為代批十餘件，並指示預算件。一時五十分午睡，為電話而起。委座諭撰宋部長五十一歲壽頌，四日為其生辰也。約孟海來，囑其撰

擬。四時錢用和女士來談，為參政員事。六時到堯廬，舉
行歡送林、歡迎錢主任之宴會，到廿七人，飲酒較多，至
九時卅分始散。與果夫略談後即歸。與希聖、六弟談報
事。十二時寢。

12月3日　星期日　陰　五十二度

　　八時卅分起。今日氣候仍如寒冬，然昨晚聞六寨以
上戰況穩定，此心稍安。念及中樞治安機構未能健全，亦
未確實聯繫，則又不無杞憂耳。閱各報及參考消息後，核
呈要件四件。十二時往謁委座，報告近日所接觸各部門之
事。委座神色不豫，又極勞累，未及盡言即退。此乃余最
近所僅覯者也。一時午餐後小睡，至三時起。核定致宋先
生五十有一壽頌一篇。五時委座約往談行政院之事，並詢
部中人心近狀，談二十五分而歸。約張屬生兄來談。覓許
靜之不得。閱六組呈件一疊，批表二件，閱四組件五件，
關於團部經費則不遑閱矣。八時往謁委座，十時半歸。
十二時就寢。

12月4日　星期一　晴　五十二度

　　八時起。盥洗畢，往訪季陶院長，談二十分鐘，同
至國府參加肇和艦起義紀念典禮。葉委員楚傖作報告，禮
畢後舉行新任各部長宣誓就職典禮。主席授印畢，有極莊
嚴之訓話。十時卅分接開國防最高委員一五〇次常會，議
決例案二十件，由程副總長報告軍事，旋委員長提議，以

事務繁冗，不能兼顧行政院院務，請以宋子文代理，決議通過。散會後，與雪艇、屬生及文官長等研究方式及代理之性質，眾議莫決，十二時卅分由余請示於委員長，奉諭謂我固未辭職，只以事繁，請宋委員代理耳。一時午餐畢，小睡二時起。與各方通電話，並發中央社消息，閱六組呈件一疊、批表二件。傍晚毛健吾來訪。自誠來，乃核定訓話稿。夜核呈預算，及四組件。十二時寢。

12月5日　星期二　雨　五十一度

八時卅分起。閱本日各報畢，處理私人函札凡十六件，至十一時前始畢。十時卅分陳啟天君來談，余告之曰，今日真是救國之時，非譴責誣責交相謫難之時矣。十一時往官邸陪啟天談話，其對委座貢獻意見，則頗有條理，談二十分鐘而退。委座授余以電報二件，命辦代電及致羅總統之電，其實孔某器小量窄，此等事不應上累元首也。午餐畢，擬初稿，約國楨來，請其代譯。二時小睡，至四時醒。五時國楨攜電稿譯文來，即為送呈之。唯果來談。閱六組呈件兩疊、四組件兩疊。夜公展兄來談甚久。辦發致朱長官之電。至十二卅分就寢。

12月6日　星期三　雨　四十七度

七時五十分起。閱報後，處理函件及第六組呈件，並接洽浙江大學遷移等事。今日天氣更寒，工作進行甚受影響。研究今後局勢與其對策，苦於端緒紛紜，未能獲得

完滿之結論。十一時芷町來談行政院事及戰局情形。午餐
後又續談至一時始去。小睡不成眠，起後更感瑟縮畏寒。
今年奇冷，似為入川七年間所未有也。四時力子夫婦來
訪，談一小時去。與教育部通電話。屬生來談一小時餘。
閱六組呈件一疊、批表五件，又處理四組呈件及批表。七
時卅分往官邸，陪同驥先晚餐。委座對教育事有所訓示。
八時五十分畢後，報告數事。奉發下總預算歸。與芷町商
談。十一洗澡就寢。

12 月 7 日　星期四　陰　四十八度

八時卅分起。今日天氣異常寒冷，室內作事，如無
火盆，竟瑟縮不能動筆矣。黔境前線戰事稍穩定，為之稍
慰。然人心浮動，難民無安置辦法，甚可憂也。午前辦發
文電數件。杭立武次長來談，為貢獻意見若干事。徐恩曾
君來談，以其日前所上簽呈面還之，並慰勉其照常工作。
一時午餐，餐畢略睡即起。擬核改稿件，而文藻、毓麟來
談太平洋學會事工作，為之停止。兩君談四十分鐘去。閱
六組呈件一疊、四組呈件及發文各一疊。毛健吾來談。發
魏大使兩電、俞樵峯一電。七時卅分到官邸陪哲生院長晚
餐。餐畢談卅分鐘。九時十五分歸，與芷町談處理四組各
件。電燈忽熄，十一時卅分寢。

12 月 8 日　星期五　陰晴　五十度

八時卅五分始起。昨晚睡眠不佳，三次為咳嗽而

醒，起床後精神頗感散漫。盥洗甫畢，毓麟來談，切戒以
出國之事，不宜以侍從室職員名義單獨活動，彼意甚快
快，談卅分鐘始去。朱醫來診咳嗽之疾，謂近日重傷風甚
多，囑為注意。致何浩若局長函及外交部代電各一件，聞
獨山有克復消息，為之欣喜。向午唐乃建組長來談時局
及區黨部事，十二時卅分去。午餐後小睡多夢，至二時
四十五分起。閱第六組呈件一疊，四組批表及呈件各一
疊。孟海來商頒發校閱軍訓之訓詞要點。滄波來談甚久。
晚餐後又閱四組呈件五件。王中惠親翁來訪。旋自誠來
談。核定分發日記之名單，旋又核定四組發文稿六件，至
十二時就寢。

12月9日　星期六　陰晴　五十二度

　　八時五十分起。咳嗽稍瘳，夜來睡眠亦尚佳。午前
再核四組發出之文電數件，並校改講稿三件，致西南聯
大區黨部代電一件（均昨晚辦好，昨夜就睡在二時以後
也）。盧郁文君來訪。閱參考消息及外交電，與國楨兄兩
次通電話。致王惜寸先生覆函，午後竺副官帶去。竺培風
自美歸，來談久之，出國六年，蔚然成材矣。午餐後與望
弟、四弟談話後，仍小睡數十分鐘。三時到堯廬訪慕尹，
今日區黨部舉行代表大會，上級黨部派何委員芸樵監選，
首由執委會及各分部報告，旋即選出贊育、唐縱、濟時、
自誠及余為執委；時實、希聖為候補執委；果夫、慕尹為
監委。討論提案後，六時散會。今日之會甚匆匆，事前不

及閱提案，臨場始知之。七時晚餐。餐畢核發四組件五件。與實之談話，並與六弟商談諸事。至十一時後就寢。

12月10日　星期日　陰　五十四度

九時卅分始起。蓋昨晚服安眠藥較多，故睡眠甚深也。閱第四組呈件一疊，為區黨部勞軍事及歡送從軍同志事，約王縉達同志來談卅分鐘。今日星期，事務較閒。聞我軍進擊至下司，取新華日報讀之，論調較前數日為合理，可見前線軍事影響之大也。蔣夢麟君來談，一小時餘而去。一時午餐，餐畢一睡，直至三時三刻始起。真太頹散矣。閱外交電數件，閱六組呈件兩大疊、四組件一疊。傍晚自誠來談，邀其晚餐。餐畢，核改講稿紀錄（今晨對幹訓班講）一件。旋核發四組發文一件，作函二緘。十一時寢。

12月11日　星期一　陰　五十二度

八時一刻起。八時五十分到中央紀念週，與可亭、自明、凌百諸君談話後，參加典禮。由蔣廷黻君報告善後救濟總署之工作情形，歷五十分鐘而畢。退至會客室，與萬武樵兄談話，入見委座，請示預算審議會事。出遇雪艇，謂共黨又推翻前議矣。十時卅分歸寓，閱批表一疊。委信雲開為第五組司書。為川參議會事，以電話詢問來電，各處均不接洽。實之來報告中常會情形。午餐後小睡未熟，二時卅分起。員工均外出，甚覺憤懣，怒形於色，

此皆余領導無方之咎也。葉楚傖先生來談，約一小時去。以電話與自明、屬生等接洽，發張主席轉川參議會一電。閱六組呈件二疊、四組件一疊。八時到官邸，陪胡政之君晚餐。九時卅分歸，與芷町商談處理四組各件。十一時卅分寢。

12月12日　星期二　晴　五十四度

八時卅分起。昨晚睡眠不甚佳，今日精神較差。午前閱報後，辦發文電數件，核閱四組件（內有國宣處預算五件）。即無力繼續工作。靜思補救現局之道，覺端緒繁多，無從著手。十一時乃建來談，所言極重要，多可顧慮者。為盛部長呈件，到處詢問，均不接洽，甚為煩悶。午餐後小睡未熟，患怔忡症甚劇。三時謝保樵君來談。四時盛晉庸部長來談。四時卅分奉發下預算審議會件，即交四組辦發。閱六組批表一疊、呈件一大疊，又請示一件。閱四組件一疊。傍晚辟塵來談，以美債息票交之。晚餐後芷町研究新疆省請撥款之件及黨政考核委員會之件，並核處四組三件。芷町去後，辦簽呈三件。閱陶組長意見書，覺不甚切合實際。十二時寢。

12月13日　星期三　陰　五十四度

八時卅分醒，腦筋疲滯，精神不振，延至九時卅分始起。閱報知我軍已克服南丹，為之喜慰。吳文藻君來談出國事。旋楊綿仲署長來談。舊雨久別，暢敘久之而去。

作簽呈三件。午餐後小睡未熟，夢中均在披閱文件，歷歷如在目前，醒而憶之，實無其事。近日腦筋又紛亂甚矣。二時卅分起，閱四組送來致考核委員會發文之件，費時甚久，始為改定。萬武樵教育長來談知識青年從軍事。毓麟來談出國事（赴太平洋學會出席），語殊絮絮，知其心中得意也。唯果來，略談即去。晚餐後孟海來談，閱六組批表呈件各一疊、呈件四疊。十一時卅分寢。

12 月 14 日　星期四　陰　五十四度

八時五十分起。昨晚睡較佳，而醒時仍矇矓疲滯也。閱報後接批表批文數件，即為辦發。十時立夫兄來談教育部交接事及黨務整理與派遣教育人員考察等事。談話約一小時。旋張君勱君來訪，談出國，及其對於政局之意見，又談及集會結社法及張公權君之工作意見等。十二時檢視身體，驗血液。一時午餐後略睡。二時赴考試院大禮堂參加邵翼如同志逝世八週年公祭。禮畢與力子夫婦同至于先生處小坐而歸。閱六組批表二件、呈件一疊，又呈核件一件。以電話約鄭秘書來，交辦致吳主席代電，並致盛部長代電各一件。傍晚屬生兄來談甚久，王世塙世兄來，邀同晚餐。餐畢，與之談話，甚喜其俊爽。接委座交辦件兩件。農林部葉常芬君來訪。十二時寢。

12 月 15 日　星期五　陰　五十二度

八時五十分起。昨晚入睡甚遲，但今日精神尚佳。

閱報後準備下午預算會之件。十時往謁委座，報告黨、政、外交等事，談二十分鐘而退。陳公洽教育長來談，卅分鐘去。為甘副秘書長與財委會徐主任委員因職權意見參差，兩方調和，費時久之。十一時五十分甘副秘書長來談。十二時赴官邸參加參事會報，到卅一人。太平洋學會出席代表七人及謝保樵、張伯謹均參加。二時餐畢，陪謝、張兩君同謁委座請示。三時歸，略睡片刻。三時卅分到國府，四時參加總預算審議委員會，六時十五分散會。與屬生、可亭諸君略談後，即往訪王秘書長亮疇，報告會議之結束。七時歸，閱六組批表呈件各一疊。夜閱四組件二疊。芷町來談，直至十二時卅分始寢。

12月16日　星期六　陰、微雪　四十六度

八時四十五分起。複閱四組呈件三件，辦發代電等數件為本室從軍同志題紀念冊二十本，甚費時間。吳文藻君來談，彼定明日出國，君勘、毓麟等先於今日出發矣。約王緝達同志來談歡送會準備各事。正午岳軍先生自蓉來，先到余處小坐，旋同至官邸謁委座，同進午餐。餐畢岳軍報告川事，歷一小時餘。二時四十分歸，略睡，四時起。徐柏園君來談金融界及農行情形。竺聖章攜回王惜寸君來函，五兒來談從軍事。夜閱六組呈件一疊。芷町來談處理四組公事。李立侯兄來談甚久。可亭來談預算事。與姪兒、姪女談話。閱文件。十二時寢。

12月17日　星期日　奇寒、飄雪　四十二度

八時卅五分起。閱報及參考消息，致本室從軍同志服務委員會一函。今日子姪咸集，獨遠兒不在，與彼等談話甚自欣慰。我家子弟大體純善聰明，看後起英賢，乃為惟一安慰事也。閱呈卜道明元（十三）電，為新蘇貿易事。十二時委座約往談，報告數事。奉諭應囑立夫、果夫、季陶研究第六次代表大會事。一時午餐，餐畢小睡。三時到堯廬訪慕尹，旋果夫亦來，參加歡送本室從軍同志大會。錢主任主席，余與果夫、乃建（代表全體同志）致歡送詞，從軍代表答詞，五時禮成。約果夫到二處辦公室談話，六時宴從軍同志，七時卅分歸。夜寫邵元沖君悼詞，應默君夫人之請也。惜寸來談甚久。處理四組件。十二時寢。

12月18日　星期一　陰　四十四度

八時卅分起。九時到國府參加紀念週，宋淵源君與我談生活之艱，請求轉呈補助。今日紀念週由許靜仁先生報告湘戰以來賑濟事業，十時散會。謁委座，以總預算審議委員會報告呈請核簽。十時二十分舉行國防最高委員會一五一次常會，通過卅四年度國家總概算，決議先付執行，再交立法院完成立法手續。審議會報告各點及中央設計局熊秘書長書面建議，均照辦。預算法並交立法院依現時辦理實際情形審議修正。十二時三刻始畢，歸寓午餐，已在一時以後矣。小睡一小時餘，閱本日各報，閱六組呈

件一疊。樓桐孫佩蘭君來談，為之傾談中樞國策之堅定，
領袖運用之苦心，約一小時餘去。王芃生君來談對於軍事
之所見及湘政。唯果來，匆匆即去。夜閱四組件一疊，寫
翼如悼詞。十二時寢。

12月19日　星期三　晴　四十八度

八時卅分起。今日天氣晴暖，視前幾日之瑟縮畏寒
不同矣。發寄張默君一函。九時卅分到中山室參加區黨部
執行委員會，嗣以俞、蕭、羅、蕭（自誠）諸委員不能
到，不足法定人數，不能成會，乃與慕、果、建、希、聖
芬諸君舉行談話會，略事商談。十一時散，約果夫至美專
街談代表大會事，彼甚多顧慮，談至正午始去。午餐後小
睡至三時許起。考慮第二處今後業務推進要點。閱六組件
一疊，又閱四組件兩疊，代呈新約全書譯稿十一冊。芷町
來談，偕赴慕尹家晚餐。晚餐後八時偕果、屬、立、井同
至官邸謁委座，談黨務。委座有極誠摯之訓示。十時退，
諸君仍來余寓敘談一小時，至十二時後就寢。

12月20日　星期四　晴陰　四十八度

八時五十分起。昨夜接孟海來函，以為余對芷町宜
有以安慰之，如薦任參政員，今晨思之，當非芷町牢愁抑
鬱之原因也。閱報及參考消息後，靜思黨事，深以六次代
表大會召開與否，為利為害，殊難判斷。研究結果，略有
方案暇當陳述之。史維煥君來談。十一時卅分岳軍來談，

約一小時。十二時卅分偕陶孟和、傅孟真謁委座，一時午餐，委座對兩君備致殷勤，其禮士至矣。又命各贈特別費十萬元，即通知周股長送來，由余轉致之。二時小睡，至四時許起。委座命準備元旦廣播詞，與四弟商起草之辦法。吳德生君來談，甚久而去。果夫介紹徐鎮南來見，請四弟代見之。閱第六組批表及呈件，各一厚疊，處理四組呈件兩疊。約孟海來談。傍晚高晶齊君來訪。夜約希聖研究時局，並商討元旦文字之意見。十一時卅分寢。

12 月 21 日　星期五　大霧、晴　五十二度

八時十分起。昨晚睡眠尚佳，但中宵醒來三次。午前盥洗畢後，閱報及參考消息，並辦發唁王伯羣電，作簽呈二件（其一為審核胡政之為大公報請結外匯之件），又辦發私函數緘。各事料理畢後，約王冠青君來商文字，談約一小時餘。又囑叔諒準備知識青年入伍之書告。向午厲生來，詳談院務及內政部之事。一時午餐，餐畢小睡，至三時起。囑希聖幫助起草廣播詞兩段，以供參考。果夫、養甫來談一小時餘，工作為之攪擾。今日軍委會會報及張文白邀宴，均辭謝未去。研究文字要點，苦思良久，不得結果，始囑冠青先撰初稿焉。閱四組呈件十件。夜芷町來談，作簽呈二件。十二時寢。

12 月 22 日　星期六　霧、向午晴　五十度

八時三刻起。昨晚睡眠極不佳，晨起後即感頭痛，

至午而愈劇。作家書數緘，又辦理積件三件。朱騮先以電話相約，擬來過訪，因將撰文，以無暇辭之。與立夫通電話，告以前日見總裁，奉面諭代表大會之意，促其即為研究。午餐後服藥丸，小睡至三時卅分醒。閱四組呈件及批表各一疊。致翁詠霓君一函，為林繼庸事也。傍晚到吳公館訪岳軍未遇，留片刻而回。彼兩次訪余，而余仍不獲與之詳談，甚為歉然。今日未閱六組件。五時服朱醫之藥後，頭痛稍止。唯果、自誠來談。夜實之來談。夜接批文三件，接委座電話，與慕尹通電話，又與養甫通電話。起草元旦訓詞大意。十二時寢。

12月23日　星期六　大霧、晴　四十八度

八時卅分。昨晚睡尚佳，而中宵屢醒，今晨起床以後，仍患頭痛不止。處理第五組二件，改正新歲獻詞稿一件。岳軍以電話來辭行。十一時果夫、立夫、厲生、井塘先後來集於余室，討論第六次代表大會應否召開及國民大會召開之方法。諸君留余處午餐，餐畢又續談一小時而去。二時後倦甚，午睡至三時卅分起。接委員長電話，詢文字。四時經國來訪，交來委座耶誕節書告，為校閱之。五時顯光來，即交其翻譯焉。傍晚冠青以元旦廣播之初稿送來，延遲至此，仍復粗率不能用，殊為可慨。頭痛更甚，不能工作，乃函委座請展時限。憐兒來談。夜十一時卅分就寢。

12 月 24 日　星期日　晴　五十二度

　　八時五十分始起。今日頭痛仍未癒，是何原因，甚不可解。憐兒、皚兒來，略談即去。十時後即思著手撰寫廣播詞，再四翻閱冠青之廣播稿，甚覺其敘次龐雜，不復可用，仔細考量結果，勉寫綱要一頁，以為撰寫之參考。十一時後搜索枯腸，寫就第一段，先交繕寫。午餐時假齒忽然損壞，甚為不怡。餐畢小睡，至二時卅分起。閱六組批表一疊，又呈件一疊，處理應酬一件，交四組辦發吳德生君一函。接電話五次，工作為之打斷。至七時僅寫成三張，幾於不成文理。晚餐後，與四弟談話。九時後開始續寫，勉強完稿。即就寢。

12 月 25 日　星期一　晴　五十度

　　九時起。昨睡太遲，睡眠不足，頭痛未痊癒。紀念週請假未到。以周副院長之雲南起義報告，可想像而知也。處理私人函札電報十八件，閱吳忠信主席來信，附寄所謂東土耳其斯坦共和國之宣傳品。伊犁已失，國土日蹙，何國家之多難一至於此乎。接於平遠來信，言新疆事甚切直。送與乃建、芷町兩兄一閱，余以為不妨摘呈委座也。處理各件事，已將十一時，將昨晚所擬廣播詞之繕正件再加校閱，即交陶副官親攜至官邸送呈。預知委座今日有軍事外籍人員耶誕歡敘，非待下午不能閱此件也。十二時午餐時，牙床作腫痛。餐畢小睡，二時往中山室參加本室區黨部改選後之第一次執行委員會。諸人均互推余為常

務委員，義不可辭，乃勉強就焉。又推定蕭贊育兼任組織事宜，蕭自誠擔任訓練與宣傳事宜，並添聘葉實之、徐本生、金志和三同志為幹事。另討論議案五件。三時五十分偕希聖歸，倦甚，小睡至五時卅分起。接默君來函。閱六組請示件一件。晚餐後與叔諒、祖望談組務，處理四組呈件兩疊，共十一件。實之來談今日中央常會事。紛紜脫節，此象至為可慮。閱青年書告。十一時就寢。

12 月 26 日　星期二　陰晴　五十二度

八時卅分起。頭痛今日稍止，而精神仍不如前旬之佳也。盛晉庸部長來訪，特以郭任生之事相囑，談十餘分鐘而去。上午處理雜務數件，仍無心思改撰文字（叔諒已將青年從軍入伍書寫就初稿）。上簽呈三件，為「三民主義半月刊」、「思想與時代」及西洋哲學名著編譯會請增經費。十一時史維煥君偕任可澄先生來訪，任先生乃貴州通志之纂修者也。相見備道仰慕。十二時到官邸陪客，十二時卅分委座出見。今日約李印泉、周惺甫、任可澄三君午餐，周君六十九、李六十七、任亦六十六矣。委座對之禮意甚隆。一時卅分辭歸，發致吳達詮主席一電。小睡一小時餘起。閱六組件二疊、四組呈件二疊。李立侯來談。傍晚芷町來，為代批四組呈件七件。晚餐後驅先來談教部事。旋芷町來長談。十時後讀舊書及雷川論文。十一時寢。

12月27日　星期三　陰　五十度

八時五十分起。今日咳嗽傷風加劇，頭痛之患又作。請朱醫來診視，為我打葡萄糖鈣針，十時始去。辦發函電數緘，考慮元旦典禮訓詞之要點。程寶慈、嚴醒初兩君來謁別，明日將入營從軍，懇切訓示之。十二時應委座之召往官邸午餐，培風同餐。一時餐畢，委座以日前之廣播詞稿交下，謂此太長，應重行撰擬，並指示補充要點甚多，記之於手冊，覺鉅細畢陳，恐難整理也。二時到四組一轉，辦發戰時生產局之件。二時小睡，至四時卅分醒。摘記廣播稿要點，重加研究，深感無從著手。致大公報胡政之一函，又辦理關於參政員事兩件。晚餐畢，核閱四組文件三疊、六組呈件一厚疊、批表兩疊。與張文白兄通電話，並與六弟商談。至十時以後，心緒稍定，著手修改文告兩張。至一時卅分始寢。

12月28日　星期四　陰　五十二度

八時五十分始起。睡眠不佳，頭痛似稍止。處理雜件三、四件以外（思想與時代等補助費均奉批准），即著手繼續重寫元旦廣播詞稿。惟本日患傷風頗劇，腦部暈重，思路殊不敏活。委座十時來電話，指示要點，又多屬重複叮嚀之新意，如欲加入，更見支蔓矣，雪艇以電話來，詢謂何妨簡短一些，此語深中余病，然余近來除非完全授權代撰之文字，已無簡捷了當之作，此無可如何者也。午餐後小睡約一小時，晚餐後休息二十分鐘。餘時均

撰文字，直至八時完稿。甚矣其憊也。芷町來談一小時許。十一時十五分寢。

12月29日　星期五　陰雨　五十度

八時四十五分，昨晚睡眠甚不佳，今晨精神較昨更為疲滯，腦力亦衰頹異常。自十時起，始著手撰擬主席元旦典禮對各機關重要人員訓詞稿。此稿內容早已考慮確定，而撰寫時異常費力，進程至為緩慢，文字技術亦自覺拙劣。午餐後小睡僅數十分鐘即起，繼續撰寫，愈寫愈覺疲滯無力，直至下午六時始完稿。真不料如此一篇簡單文字，而需時如此之久也。今日為陰曆十一月十五日，余之生辰，諸弟備酒肴相祝。七時入席，汲青侄女夫婦及王世塘姻兄均來參與，甚為熱鬧。余亦欣然，為飲三杯，不覺醺然。九時餐畢，與委座及岳軍主席通電話，決定授劉豫波勳事。修改文稿送呈，處理四組件。十二時寢。

12月30日　星期六　陰　五十一度

八時四十分起。昨晚睡眠尚屬酣暢，晨起精神較為充沛。委員長命特授劉豫波（咸榮，四川雙流人，年八十七）以二等景星章，即通知文官處辦發之。上午理積件十餘件。陳公洽教育長來談葛湛侯君事。旋楊子惠副長官偕李定宇處長（寰）來訪，楊君已二年不見，談二十分鐘而去。午餐後小睡，天時陰沉而寒意特濃。約鄭秀民秘書來談，處理四組公文件，分贈鄭君及王純熙君以補助

金。餽王親翁以年節禮物六色。傍晚辟塵來。皓兒來商從
軍事，為函詢蔣經國兄。以皓意願作青年軍之政工人員
也。晚餐後李唯果君來談。九時葉秘書攜廣播稿來，修改
之處甚多，為悉心整理，十一時卅分始畢。十二時就寢。

12 月 31 日　陰、甚寒　星期日　四十八度

八時十分即起。昨晚服安眠藥，胃不消納，作嘔者
久之，然睡甚酣足。盥洗畢，將昨日整理之廣播稿親自摘
要，縮成一千五百字。以電話與雪艇接洽後，即送顯光翻
譯為英文。九時卅分周秘書攜來元旦典禮訓詞改正稿，委
座手諭，命再補充，並修整內容目次。時間已迫，實不及
詳為研究，勉就原詞再加修潤並補充兩段，至一時卅分始
完畢。今日乃不得不廢止午睡，然幸腦力尚健也。唐乃建
組長來談一小時。四時到官邸，陪潘昌猷君見委座。歸處
理四組、六組件各一疊。夜與諸弟設宴為望弟祝五十壽。
瞠兒將入營從軍，作一古詩以勗之。

民國日記 14

陳布雷從政日記（1944）

The Official Diaries of Chen Pu-lei, 1944

原　　著　陳布雷
總 編 輯　陳新林、呂芳上
執行編輯　林弘毅
文字編輯　王永輝、江張源
封面設計　陳新林
排　　版　溫心忻

出 版 者　🛡 開源書局出版有限公司

　　　　　香港金鐘夏慤道 18 號海富中心
　　　　　1 座 26 樓 06 室
　　　　　TEL：+852-35860995

　　　　　✿ 民國歷史文化學社

　　　　　10646 台北市大安區羅斯福路三段
　　　　　37 號 7 樓之 1
　　　　　TEL：+886-2-2369-6912
　　　　　FAX：+886-2-2369-6990

銷 售 處　深流成文化 股份有限公司

　　　　　10646 台北市大安區羅斯福路三段
　　　　　37 號 7 樓之 1
　　　　　TEL：+886-2-2369-6912
　　　　　FAX：+886-2-2369-6990

初版一刷　2019 年 9 月 25 日
定　　價　新台幣 330 元
　　　　　港　幣　85 元
　　　　　美　元　12 元
I S B N　978-988-8637-21-8
印　　刷　長達印刷有限公司
　　　　　台北市西園路二段 50 巷 4 弄 21 號
　　　　　TEL：+886-2-2304-0488